Bucătăria Paleo

Gustături Sănătoase pentru o Viață Plină de Energie

Elena Stanescu

Index

Coaste afumată cu muştar şi sos de mere 8
a toca 8
SOS 8
Gratar la cuptor Coaste de porc de la tara cu salata proaspata de ananas 11
Gulas picant de porc 13
Gulaş 13
Varză 13
Chiftele cu cârnaţi italieni Marinara cu sos de ceapă şi fenicul tăiat 15
Chiftele 15
marinara 15
Barci cu dovlecel umplute cu busuioc şi nuci de pin 17
Boluri cu "Taitei" cu carne de porc si ananas cu lapte de cocos si ierburi 19
Carne de porc la grătar picant cu salată de castraveţi acri 21
Pizza cu crusta de dovlecel cu pesto de rosii uscate la soare, ardei si carnati italieni
.... 23
Pulpă de miel afumată cu coriandru şi lămâie, sparanghel la grătar 26
tocană de miel 28
Tocană de miel cu tăiţei din rădăcină de ţelină 30
Cotlete frantuzesti de miel cu sos de rodie 32
sos amar 32
cotlete de miel 32
Cotlete de miel Chimichurri cu salată de radicchio sotat 34
Cotlete de miel aromate cu hamsii si salvie, cu remoulade de cartofi dulci si morcovi
.... 36
Cotlete de miel cu eşalotă, mentă şi cimbru 38
miel 38
salată 38
Burger de miel umplut cu sos de ardei roşu de grădină 40
Salată cu ardei roşu 40
burgeri 40
Frigarui duble de miel cu cimbru si sos tzatziki 43
Frigarui de miel 43

Sos Tzatziki ... 43
Pui prajit cu sofran si lamaie ... 45
Pui Spatchcocked cu Jicama Slaw ... 47
Pui   47
salată de varză ... 47
Spate de pui prajit cu vodca, morcovi si sos de rosii ... 50
Poulet Rôti și Rutabaga Frites ... 52
Triple ciuperci Coq au Vin cu Rutabagas zdrobit ... 54
Baghete glazurate cu piersici-brandy ... 56
Topping cu rachiu de piersici ... 56
Pui marinat chilian cu salată de mango și pepene galben ... 58
Pui   58
salată ... 58
Pulpe de pui în stil tandoori cu raita de castraveți ... 61
Pui   61
Castravete Raita ... 61
Pui fiert la curry cu tuberculi, sparanghel și mere verde mentă ... 63
Salata Paillard de pui la gratar cu zmeura, sfecla si migdale prajite ... 65
Piept de pui umplut cu broccoli, sos de rosii proaspat si salata Caesar ... 68
Shawarma de pui la gratar cu legume picante si sos de nuci de pin ... 71
Piept de pui la cuptor cu ciuperci, piure de conopida usturoi si sparanghel prajit .. 73
Supă thailandeză de pui ... 75
Andive Lemon Sage Fried Chicken ... 77
Pui cu ceapa, nasturel si ridichi ... 80
Pui tikka masala ... 82
Pulpe de pui Ras el Hanout ... 85
Pulpe de pui Carambola Adobo pe spanac prăjit ... 87
Tacos în salată de pui Poblano cu Chipotle Mayo ... 89
Tocană de pui cu morcovi și bok choy ... 91
Pui sotat cu portocale-caju și ardei roșu în vinegretă ... 93
Pui vietnamez cu lămâie cu nucă de cocos ... 95
Salată de Pui la grătar și Escarole cu mere ... 98
Supă toscană de pui cu panglici de kale ... 100
Larb de pui ... 102
Burger de pui cu sos de caju Szechwan ... 104

Sos de caju Szechwan 104
Pachet de pui turcesc 106
Pui spanioli Cornish 108
Găini Cornish prăjite cu arahide cu salată de rucola, caise și fenicul 110
Piept de rata cu rodie si salata jicama 114
Friptură de curcan cu piure de rădăcină de usturoi 116
Piept de curcan umplut cu sos pesto si salata de rucola 119
Piept de curcan picant cu sos BBQ de cirese 121
File de curcan prăjit în vin 123
Piept de curcan sotat cu sos de arpagic 126
Pulpe de curcan fripte cu rădăcină 128
Chiftelute de curcan cu ierburi cu ceapă caramelizată, ketchup și bucată de varză
    înăbușită 130
Posole peruan 132
bulion de oase de pui 134
Somon verde Harissa 137
Somon 137
harissa 137
seminte picante de floarea soarelui 137
salată 138
Somon la gratar cu salata de inima de anghinare marinata 141
Somon prajit cu chile si salvie, cu sos de rosii verde 143
Somon 143
sos de rosii verzi 143
Somon prajit si sparanghel in papillote cu pesto de lamaie si alune 146
Somon cu ciuperci si sos de mere 148
Julienne Vegetable Sole en Papillote 151
Tacos de pesto pesto de rucola cu crema de lamaie afumata 153
bază de coajă de migdale 155
Pachete de cod la gratar si dovlecel cu sos picant de busuioc mango 157
Cod braconat în stil Riesling cu roșii umplute cu pesto 159
Cod prăjit cu crustă de fistic și coriandru pe cartofi dulci zdrobiți 161
Cod rozmarin si mandarina cu broccoli prajit 163
Salata de cod cu curry wraps cu ridichi murata 165
Eglefin prăjit cu lămâie și fenicul 167

Snapper cu coajă de nucă cu remoulade și bame și roșii în stil cajun 169

Friptura de ton tarhon cu aioli de lamaie si avocado 172

tajine de bas în dungi 175

Halibut cu usturoi și sos de creveți cu verdeață Soffrito 177

Bouillabaisse cu fructe de mare 179

Ceviche clasic de creveți 181

Salată de creveți și spanac cu nucă de cocos 184

Ceviche cu creveți tropicali și scoici 186

Creveți Jamaican Jerk cu ulei de avocado 188

Scampi de creveți cu spanac ofilit și radicchio 189

Salată de crab cu avocado, grapefruit și jicama 191

Poach Homar Cajun cu Tarhon Aïoli 193

Midii prajite cu aïoli de sofran 195

chipsuri 195

aïoli cu șofran 195

midii 195

Scoici prajite cu aroma de sfecla rosie 198

Scoici prăjite cu salsa de castraveți și mărar 201

Scoici prăjite cu sos de roșii, ulei de măsline și ierburi 203

scoici și sos 203

salată 203

Conopida prăjită cu chimen cu fenicul și ceapă perla 205

Bucăți de sos de roșii-vinete cu spaghetti dovlecei 207

Ciuperci Portobello umplute 209

Radicchio prăjit 211

Fenicul prăjit cu sos de portocale 212

COASTE AFUMATA CU MUȘTAR ȘI SOS DE MERE

ABSORBI:1 oră odihnă: 15 minute fumat: 4 ore gătit: 20 minute randament: 4 porțiiFOTOGRAFIE

AROMA BOGATA ȘI TEXTURA CARNOASACOASTELE AFUMATE AU NEVOIE DE CEVA RECE ȘI NEBUNESC PENTRU A MERGE CU EA. APROAPE ORICE SALATĂ VA FUNCȚIONA, DAR SALATA DE FENICUL (VEZIVENITURILESI REPREZENTATAICI), ESTE DEOSEBIT DE BUN.

A TOCA
8 până la 10 mere sau nuci

3 până la 3 ½ kilograme de coastă de porc

¼ cana condiment afumat (vezi reteta)veniturile

SOS
1 măr mediu fiert, decojit, fără miez și tăiat în felii subțiri

¼ cană ceapă tocată

¼ pahar de apă

¼ cană oțet de mere

2 linguri mustar de Dijon (vezi reteta)veniturile

2 până la 3 linguri de apă

1. Inainte de afumat, inmuiati bucatile de lemn in apa cat sa le acopere cel putin 1 ora. Goliți înainte de utilizare. Tăiați orice grăsime vizibilă de pe coaste. Îndepărtați membrana subțire din spatele coastelor dacă este necesar. Puneți coastele într-o tigaie mare, puțin adâncă. Stropiți uniform cu Smoky Spice; frecați-l cu degetele. Lasă-l să stea la temperatura camerei timp de 15 minute.

2. Puneți cărbuni preîncălziți, așchii de lemn scurse și tigaie umplută cu apă într-un afumător conform instrucțiunilor

producătorului. Turnați apă în tigaie. Puneți coastele, cu partea osoasă în jos, pe un grătar peste o tigaie cu apă. (Sau puneți coaste pe grătar; puneți coaste pe grătar.) Închideți capacul și fumați timp de 2 ore. Menține o temperatură de aprox. 225°F la fumător în timp ce fumezi. Adăugați mai mult cărbune și apă după cum este necesar pentru a menține temperatura și umiditatea.

3. Între timp, pentru sosul de mop, combinați feliile de mere, ceapa și ¼ de cană de apă într-o cratiță mică. A fierbe; reduce caldura. Gatiti, acoperit, amestecand ocazional, timp de 10 pana la 12 minute sau pana cand feliile de mere sunt foarte fragede. Se lasa sa se raceasca putin; Transferați mărul și ceapa nescurcate într-un robot de bucătărie sau blender. Acoperiți și procesați sau amestecați până la omogenizare. Întoarceți piureul în tigaie. Adăugați oțet și muștar de Dijon. Gatiti la foc mediu-mic timp de 5 minute, amestecand din cand in cand. Adăugați 2 până la 3 linguri de apă (sau mai mult după caz) pentru a îngroșa dressing-ul până la o consistență de dressing pentru salată. Împărțiți sosul în trei.

4. Dupa 2 ore, ungeti generos coastele cu o treime din sosul de mop. Închideți capacul și fumați încă 1 oră. Se unge din nou cu o treime din sosul de mop. Înfășurați fiecare felie de coastă în folie groasă de aluminiu și întoarceți coastele la afumător, suprapunându-se dacă este necesar. Acoperiți și fumați încă 1 până la 1 1/2 oră sau până când coastele sunt fragede.*

5. Întindeți coastele și ungeți cu treimea rămasă din sosul de mop. Pentru a servi, tăiați coastele de pe oase.

*Sfat: Pentru a testa frăgezimea coastelor, îndepărtați cu grijă folia de pe una dintre plăcile de coaste. Prindeți placa nervură cu cleștele ținând placa de sfertul superior al plăcii. Întoarceți felia de coastă cu partea de carne în jos. Dacă coastele sunt fragede, ar trebui să înceapă să se destrame când le tăiați. Dacă nu sunt fragede, înfășurați-le din nou în folie de aluminiu și continuați să fumați coastele până sunt fragede.

GRATAR LA CUPTOR COASTE DE PORC DE LA TARA CU SALATA PROASPATA DE ANANAS

PREGATIRE:20 de minute de gătit: 8 minute de gătit: 1 oră 15 minute Randament: 4 porții

COASTELE DE PORC IN STIL RUSTIC SUNT SUCULENTE,ESTE IEFTIN, IAR DACA ESTE MANIPULAT CORECT (CUM AR FI GATIREA LENT IN PUȚIN SOS DE GRATAR) DEVINE INCREDIBIL DE FRAGED.

2 kilograme de coaste de porc dezosate în stil rustic
¼ lingurita piper negru
1 lingura ulei de cocos rafinat
½ cană suc proaspăt de portocale
1 ½ cani de sos gratar (vezi reteta).veniturile)
3 cani de varza verde si/sau rosie tocata
1 cană morcovi rasi
2 cani de ananas tocat marunt
⅓ cană Salată Bright Citrus (vezi rețeta)veniturile)
Sos pentru grătar (veziveniturile) (opțional)

1. Preîncălziți cuptorul la 350°F. Se presară carne de porc cu piper. Încinge uleiul de cocos într-o tigaie foarte mare la foc mediu-mare. Adăugați coaste de porc; Coaceți timp de 8 până la 10 minute sau până când se rumenesc și se rumenesc uniform. Pune coastele într-un vas dreptunghiular de 3 litri rezistent la cuptor.

2. Pentru sos, adăugați sucul de portocale în tigaie și amestecați pentru a răzui bucățile rumenite. Se amestecă 1 ½ cană de sos de grătar. Se toarnă sosul peste coaste.

Întoarceți coastele pentru a le acoperi cu sosul (folosește o pensulă de patiserie pentru a unge sosul peste coaste, dacă este necesar). Acoperiți bine tava de copt cu folie de aluminiu.

3. Gatiti coastele timp de 1 ora. Scoateți folia și ungeți coastele cu sos de tigaie. Coaceți încă 15 minute sau până când coastele sunt fragede și rumenite, iar sosul s-a îngroșat puțin.

4. Între timp, pentru salata de ananas, combinați kale, morcovi, ananas și salată cu citrice strălucitoare. Se acoperă și se păstrează la frigider până la servire.

5. Serveste coastele cu salata si eventual sos gratar in plus.

GULAS PICANT DE PORC

PREGATIRE: 20 de minute de gătit: 40 de minute randament: 6 porții

SE SERVEŞTE ACEASTĂ CASEROLĂ ÎN STIL MAGHIARPE UN PAT DE VARZĂ CROCANTĂ, ABIA OFILITĂ, PENTRU O MASĂ CU O SINGURĂ MÂNCARE. ZDROBIŢI SEMINŢELE DE CHIMEN ÎNTR-UN MOJAR ŞI ZDROBIŢI-LE DACĂ AVEŢI UNUL. ÎN CAZ CONTRAR, ZDROBIŢI-LE SUB PARTEA LATĂ A CUŢITULUI BUCĂTARULUI, APĂSÂND UŞOR CU MÂNERUL CUŢITULUI.

GULAS

- 1 ½ kg carne de porc măcinată
- 2 căni de ardei gras roşii, portocalii şi/sau galbeni mărunţiţi
- ¾ cana ceapa rosie tocata marunt
- 1 ardei rosu mic proaspat, fara samburi si tocat marunt (vezi reteta).sfaturi)
- 4 lingurite de condiment afumat (vezi reteta)veniturile)
- 1 lingurita de seminte de chimion, zdrobite
- ¼ de lingurita maghiran sau cimbru macinat
- 1 conserve de 14 uncii roşii, tăiate cubuleţe, fără sare, scurse
- 2 linguri otet de vin rosu
- 1 lingura coaja de lamaie rasa fin
- ⅓ cană pătrunjel proaspăt tocat

VARZĂ

- 2 c. supa de ulei de masline
- 1 ceapă medie, feliată
- 1 varză verde sau roşie, fără seminţe şi feliate subţire

1. Pentru gulaş, gătiţi carnea de porc, ardeii şi ceapa într-un cuptor olandez mare la foc mediu-mare, amestecând cu o lingură de lemn, timp de 8 până la 10 minute sau până când carnea de porc nu mai este roz şi legumele sunt fragede. sfărâma carnea. Scurgeţi uleiul. Reduceţi căldura

la minim; Adauga boia de ardei, condimentele afumate, semintele de chimen si maghiranul. Închideți capacul și gătiți timp de 10 minute. Adăugați roșiile nescurcate și oțetul. A fierbe; reduce caldura. Gatiti cu capacul inchis timp de 20 de minute.

2. Între timp, pentru kale, încălziți uleiul într-o tigaie mare la foc mediu. Adăugați ceapa și gătiți până se înmoaie, aproximativ 2 minute. Adăugați varza; se amestecă pentru a se combina. Reduceți căldura la minim. Aproximativ. Gatiti timp de 8 minute sau pana cand varza varza este frageda, amestecand din cand in cand.

3. Pentru a servi, turnați o parte din amestecul de varză pe farfurie. Acoperiți cu gulaș și stropiți cu coajă de lămâie și pătrunjel.

CHIFTELE CU CÂRNAȚI ITALIENI MARINARA CU SOS DE CEAPĂ ȘI FENICUL TĂIAT

PREGATIRE:Coaceți 30 de minute: Coaceți 30 de minute: 40 de minute Randament: 4 până la 6 porții

ACEASTĂ REȚETĂ ESTE UN EXEMPLU RARDEȘI NU ESTE LA FEL DE BUN CA VARIANTA PROASPĂTĂ, ESTE UN PRODUS CONSERVAT CARE FUNCȚIONEAZĂ LA FEL DE BINE. CU EXCEPȚIA CAZULUI ÎN CARE AVEȚI ROȘII FOARTE, FOARTE COAPTE, NU VEȚI OBȚINE O CONSISTENȚĂ LA FEL DE BUNĂ ÎN SOSUL DE ROȘII PROASPĂT CA ȘI CU ROȘIILE DIN CONSERVA. DOAR ASIGURAȚI-VĂ CĂ UTILIZAȚI UN PRODUS NESĂRAT ȘI, CHIAR MAI BINE, ORGANIC.

CHIFTELE

   2 ouă mari

   ½ cană făină de migdale

   8 catei de usturoi tocati marunt

   6 linguri de vin alb sec

   1 lingura ardei rosu

   2 linguri de piper negru

   1 lingurita de seminte de fenicul, usor zdrobite

   1 lingurita de cimbru uscat, zdrobit

   1 lingurita de cimbru uscat, zdrobit

   ¼ până la ½ linguriță de piper cayenne

   1 ½ kg carne de porc măcinată

MARINARA

   2 c. supa de ulei de masline

   2 cutii de 15 uncii roșii zdrobite nesărate sau o cutie de 28 uncii roșii zdrobite nesărate

½ cană busuioc proaspăt tocat

3 bulbi medii de fenicul, tăiați la jumătate, fără semințe și tăiați subțiri

1 ceapă dulce mare, tăiată în jumătate și feliată subțire

1. Preîncălziți cuptorul la 375°F. Tapetați o tavă mare de copt cu hârtie de copt; pune deoparte. Într-un castron mare, amestecați ouăle, făina de migdale, 6 căței de usturoi tocați, 3 linguri de vin, boia de ardei, 1 ½ linguriță de piper negru, semințe de fenicul, cimbru, cimbru și cayenne. Adăugați carne de porc; Amesteca bine. Formați amestecul de porc în chifteluțe de 1/2 inch (ar trebui să aveți aproximativ 24 de chifle); Se aseaza intr-un singur strat pe foaia de copt pregatita. Coaceți aproximativ 30 de minute sau până se rumenesc ușor, întorcându-se o dată în timpul gătirii.

2. Între timp, pentru sosul marinara, încălziți 1 lingură de ulei de măsline într-un cuptor olandez de 4 până la 6 litri. Adăugați 2 căței de usturoi tocați rămași; aproximativ 1 minut sau până când începe să se rumenească. Adăugați rapid restul de 3 linguri de vin, roșiile zdrobite și busuioc. A fierbe; reduce caldura. Gatiti descoperit timp de aproximativ 5 minute. Se amestecă cu grijă chiftelele fierte în sosul marinara. Acoperiți și gătiți timp de 25 până la 30 de minute.

3. Între timp, încălziți restul de 1 lingură de ulei de măsline într-o tigaie mare la foc mediu. Se amestecă feniculul și ceapa tăiate felii. Gătiți, amestecând frecvent, timp de 8 până la 10 minute sau până când se înmoaie și se rumenesc ușor. Se condimentează cu ½ linguriță rămasă de piper negru. Serviți chiftelele și sosul marinara peste sosul de fenicul și ceapă.

BARCI CU DOVLECEL UMPLUTE CU BUSUIOC ȘI NUCI DE PIN

PREGATIRE:20 de minute de gătit: 22 de minute de gătit: 20 de minute: 4 porții

COPIII VOR ADORA ACEST FEL DE MÂNCARE DISTRACTIVDOVLECEL GOL UMPLUT CU CARNE DE PORC, ROSII SI ARDEI. SE ADAUGA 3 LINGURI DE PESTO DE BUSUIOC, DACA SE DORESTE (VEZI RETETA).VENITURILE) ÎNLOCUIȚI BUSUIOC PROASPĂT, PĂTRUNJEL ȘI NUCI DE PIN.

2 dovlecei medii
1 lingura ulei de masline extravirgin
12 grame de carne tocată
¾ cană ceapă tocată
2 catei de usturoi, tocati marunt
1 cana rosii tocate
⅔ cană piper galben sau portocaliu tocat mărunt
1 lingurita de seminte de fenicul, usor zdrobite
½ linguriță fulgi de ardei roșu mărunțiți
¼ cană busuioc proaspăt tocat
3 linguri patrunjel proaspat tocat
2 linguri nuci de pin prajite (vezi reteta).sfaturi) și tocate grosier
1 lingurita coaja de lamaie rasa fin

1. Preîncălziți cuptorul la 350°F. Tăiați dovleacul în jumătate pe lungime și răzuiți cu grijă în mijloc, lăsând o crustă de ¼ inch grosime. Se toacă grosier pulpa de dovleac și se pune deoparte. Puneți jumătățile de dovleac, tăiate în sus, pe o tavă de copt tapetată cu folie de aluminiu.

2. Pentru umplutură, încălziți uleiul de măsline într-o tigaie mare la foc mediu-mare. Adăugați carne de porc măcinată; Gatiti, amestecand cu o lingura de lemn pentru a rupe

carnea, pana nu mai devine roz. Scurgeți uleiul. Reduceți căldura la mediu. Adăugați dovleceii rezervați, ceapa și usturoiul; gătiți și amestecați aproximativ 8 minute sau până când ceapa se înmoaie. Se amestecă roșiile, ardeiul roșu, semințele de fenicul și ardeiul roșu măcinat. Gatiti aproximativ 10 minute sau pana cand rosiile sunt moi si incep sa se descompuna. Scoateți tigaia de pe aragaz. Adauga busuiocul, patrunjelul, nucile de pin si coaja de lamaie. Împărțiți umplutura între cojile de dovleac și tocați-le puțin. Coaceți timp de 20 până la 25 de minute sau până când pielea de dovleac este moale și crocantă.

BOLURI CU "TAITEI" CU CARNE DE PORC SI ANANAS CU LAPTE DE COCOS SI IERBURI

PREGATIRE:Coaceți 30 de minute: Coaceți 15 minute: 40 de minute Randament: 4 porțiiFOTOGRAFIE

1 dovleac spaghetti mare

2 linguri ulei de cocos rafinat

1 kg carne de porc măcinată

2 linguri ceapa tocata marunt

2 linguri de suc proaspăt de lămâie

1 lingura de ghimbir proaspat tocat marunt

6 catei de usturoi, tocati marunt

1 lingura balsam de lamaie tocata marunt

1 lingură pudră de curry roșu thailandez nesărat

1 cana ardei gras rosu tocat

1 cană ceapă tocată

½ cană morcovi rasi

1 baby bok choy, feliat (3 căni)

1 cană ciuperci proaspete feliate

1 sau 2 ardei thailandezi, feliați subțiri (vezi rețeta)sfaturi)

1 cutie de 13,5 uncii de lapte de cocos natural (ca Nature's Way)

½ cană bulion de oase de pui (vezi rețetă).veniturile) sau bulion de pui nesarat

¼ cană suc proaspăt de ananas

3 linguri de unt de caju nesărat, fără grăsimi adăugate

1 cană de ananas proaspăt tocat

felii de lamaie

Coriandru proaspăt, mentă și/sau busuioc thailandez

Caju prajite tocate

1. Preîncălziți cuptorul la 400°F. Gătiți dovlecei spaghetti în cuptorul cu microunde la foc mare timp de 3 minute. Tăiați cu grijă dovleacul în jumătate pe lungime și răzuiți semințele. Aplicați 1 lingură de ulei de cocos pe marginile tăiate ale dovleacului. Puneți jumătățile de dovlecel, cu partea în jos, pe o tavă de copt. Coaceți timp de 40 până la 50 de minute sau până când dovleacul poate fi străpuns ușor cu un cuțit. Folosind dinții unei furculițe, răzuiți carnea de pe coajă și păstrați-o la cald până când este gata de servire.

2. Între timp, într-un castron mediu, combinați carnea de porc, ceapa verde, sucul de lămâie, ghimbirul, usturoiul, iarba de lămâie și pudra de curry. Amesteca bine. Încinge restul de 1 lingură de ulei de cocos într-o tigaie foarte mare la foc mediu-mare. Adăugați amestecul de carne de porc; Gatiti, amestecand cu o lingura de lemn pentru a rupe carnea, pana nu mai devine roz. Adăugați ardeii, ceapa și morcovii; gătiți și amestecați timp de aproximativ 3 minute sau până când legumele sunt crocante și fragede. Adăugați bok choy, ciuperci, ardei roșu, lapte de cocos, bulion de oase de pui, suc de ananas și unt de caju. A fierbe; reduce caldura. Adăugați ananas; Gatiti neacoperit pana se incalzeste.

3. Pentru a servi, împărțiți dovleceii spaghetti în patru boluri. Se toarnă carnea de curry peste dovleac. Serviți cu lămâie, ierburi și caju.

CARNE DE PORC LA GRĂTAR PICANT CU SALATĂ DE CASTRAVEȚI ACRI

PREGATIRE:30 minute gratar: 10 minute asteptare: 10 minute preparare: 4 portii

SALATĂ CROCANTĂ DE CASTRAVEȚIASEZONAT CU MENTĂ PROASPĂTĂ, ESTE O COMPLETARE RĂCORITOARE PENTRU BURGERII PICANT DIN CARNE DE PORC.

⅓ cană ulei de măsline

¼ ceasca de menta proaspata tocata

3 linguri otet de vin alb

8 catei de usturoi tocati marunt

¼ lingurita piper negru

2 castraveți medii, feliați foarte subțiri

1 ceapă mică, feliată subțire (aproximativ ½ cană)

1¼ până la 1½ kg carne de porc măcinată

¼ cană coriandru proaspăt tocat

1 până la 2 ardei jalapeño sau serrano proaspeți medii, fără semințe (opțional) și tocați mărunt (vezi rețeta).sfaturi

2 ardei gras roșii medii, fără semințe și tăiați în patru

2 lingurițe de ulei de măsline

1. Într-un castron mare, combinați ⅓ cană de ulei de măsline, menta, oțet, 2 căței de usturoi tocați și piper negru. Adaugati castravetele si ceapa feliate. Se amestecă până se îmbracă bine. Acoperiți și lăsați la frigider, amestecând o dată sau de două ori, până când este gata de servire.

2. Combinați carnea de porc, coriandru, ardeiul roșu și cei 6 căței de usturoi rămași tocați într-un castron mare. Formați în patru chifle groase de ¾ inch. Ungeți ușor sferturile de piper cu 2 lingurițe de ulei de măsline.

3. Pentru un grătar cu cărbune sau pe gaz, puneți cotlete și felii de ardei direct la foc mediu. Acoperiți și grătar până când un termometru cu citire instantanee introdus în părțile laterale ale burgerilor de porc înregistrează 160 ° F, iar sferturile de ardei sunt moi și ușor carbonizate, întorcând burgerii și sferturile de ardei la jumătatea gătirii. Lăsați 10 până la 12 minute pentru burgeri și 8 până la 10 minute pentru sferturi de ardei.

4. Cand feliile de ardei sunt gata, inveliti-le intr-o bucata de folie de aluminiu, acoperindu-le complet. Lăsați să stea aproximativ 10 minute sau până când se răcește suficient pentru a fi manipulat. Folosiți un cuțit ascuțit și îndepărtați cu grijă pielea ardeiului. Tăiați ardeii pe lungime în felii subțiri.

5. Pentru a servi, amestecați salata de castraveți și aranjați uniform pe patru farfurii mari de servire. Pe fiecare farfurie se pune cate o bucata de carne de porc. Aranjați feliile de ardei roșu uniform pe burgeri.

PIZZA CU CRUSTA DE DOVLECEL CU PESTO DE ROSII USCATE LA SOARE, ARDEI SI CARNATI ITALIENI

PREGATIRE:Coaceți 30 de minute: Coaceți 15 minute: 30 minute Randament: 4 porții

ACEASTA ESTE PIZZA CU CUȚIT ȘI FURCULIȚĂ.ASIGURAȚI-VĂ CĂ APĂSAȚI UȘOR CÂRNAȚII ȘI ARDEIUL ROȘU ÎN CRUSTA ACOPERITĂ CU PESTO, ASTFEL ÎNCÂT INGREDIENTELE SĂ SE LIPEASCĂ SUFICIENT PENTRU A TĂIA PIZZA FĂRĂ PROBLEME.

- 2 c. supa de ulei de masline
- 1 lingura migdale macinate fin
- 1 ou mare, bătut ușor
- ½ cană făină de migdale
- 1 lingura de cimbru proaspat tocat
- ¼ lingurita piper negru
- 3 catei de usturoi, tocati marunt
- 3½ căni de dovlecel ras (2 medii)
- Cârnați italieni (vezi veniturile, sub)
- 1 lingura ulei de masline extravirgin
- 1 ardei gras (galben, rosu sau jumatate fiecare), fara samburi si taiat in fasii foarte subtiri
- 1 ceapă mică, tăiată subțire
- Pesto de roșii uscate la soare (vezi veniturile, sub)

1. Preîncălziți cuptorul la 425°F. Ungeți o tavă de pizza de 12 inchi cu 2 linguri de ulei de măsline. Se presară migdale măcinate; pune deoparte.

2. Pentru aluat, batem ouale, faina de migdale, cimbru, piper negru si usturoi intr-un castron mare. Așezați dovlecelul

ras pe un prosop curat sau pe un prosop curat. Înfășurați-l bine

PULPĂ DE MIEL AFUMATĂ CU CORIANDRU ȘI LĂMÂIE, SPARANGHEL LA GRĂTAR

ABSORBI:30 de minute pregătire: 20 minute grătar: 45 minute stand: 10 minute: 6 până la 8 porții

ACEST FEL DE MÂNCARE SIMPLU, DAR ELEGANTDOUA MATERIALE CARE IES IN EVIDENTA PRIMAVARA; MIEL ȘI SPARANGHEL. PRĂJIREA SEMINȚELOR DE CORIANDRU SCOATE ÎN EVIDENȚĂ GUSTUL CALD, PĂMÂNTESC ȘI UȘOR ACIDULAT.

1 cană chipsuri de nucă

2 c. supa de seminte de coriandru

2 linguri coaja de lamaie rasa fin

1½ linguriță piper negru

2 linguri de cimbru proaspăt tocat

1 pulpă de miel dezosată, cântărind 2 până la 3 lire sterline

2 legături de sparanghel proaspăt

1 lingura ulei de masline

¼ lingurita piper negru

1 lămâie, tăiată în sferturi

1. Cu cel puțin 30 de minute înainte de a fuma, înmuiați particulele de nucă într-un vas cu apă suficientă pentru a le acoperi; pune deoparte. Între timp, gătiți semințele de coriandru într-o cratiță mică la foc mediu timp de cca. 2 minute sau până când este parfumat și sfârâie, amestecând constant. Scoateți semințele din tigaie; Lasă-l să se răcească. Odată ce semințele s-au răcit, zdrobiți-le grosier într-un mojar și un pistil (sau puneți semințele pe o masă de tăiat și zdrobiți-le cu dosul unei linguri de lemn). Într-un castron mic, combinați semințele de

coriandru zdrobite, coaja de lămâie, 1½ linguriță de piper și cimbru; pune deoparte.

2. Scoateți fileul din friptura de miel, dacă este cazul. Întoarceți tava de copt pe o suprafață de lucru, cu partea unsă în jos. Presărați jumătate din amestecul de condimente peste carne; frecați-l cu degetele. Rulați vasul de copt și legați-l cu patru până la șase bucăți de sfoară de bumbac 100%. Presărați amestecul de condimente rămas în jurul exteriorului tigaii și apăsați ușor pentru a adera.

3. Pentru grătar cu cărbune, pune cărbuni la foc mediu în jurul unei tigaie. Testați tigaia la foc mediu. Presărați așchiile de lemn scurse peste cărbuni. Puneți friptura de miel pe grătar deasupra tăvii de picurare. Acoperiți și fumați la temperatură medie (145°F) timp de 40 până la 50 de minute. (Pentru un grătar cu gaz, preîncălziți grătarul. Reduceți căldura la mediu. Reglați pentru gătit indirect. Fumați ca mai sus, cu excepția adăugării de chipsuri scurse conform instrucțiunilor producătorului.) Acoperiți friptura lejer cu folie. Lasă-l să stea 10 minute înainte de a tăia.

4. Între timp, tăiați capetele sparanghelului. Se amestecă sparanghelul într-un castron mare cu ulei de măsline și ¼ de linguriță de piper. Așezați sparanghelul pe marginile exterioare ale grătarului, chiar deasupra cărbunilor și perpendicular pe grătar. Acoperiți și grătar până devine crocant, 5 până la 6 minute. Stoarceți felii de lămâie peste sparanghel.

5. Scoateți sfoara de la friptura de miel și tăiați carnea în felii subțiri. Serviți carnea cu sparanghel la grătar.

TOCANĂ DE MIEL

PREGATIRE: 30 minute timp de gătire: 2 ore 40 minute Randament: 4 porții

ÎNCĂLZEȘTE-TE CU ACEASTĂ CASEROLĂ DELICIOASĂ. ÎNTR-O NOAPTE DE TOAMNĂ SAU DE IARNĂ. CASEROLA SE SERVEȘTE PESTE UN PIURE CATIFELAT DE ȚELINĂ-PARSNAGA, AROMAT CU MUȘTAR DE DIJON, CREMĂ DE CAJU ȘI ARPAGIC. NOTĂ: RĂDĂCINA DE ȚELINĂ ESTE UNEORI NUMITĂ ȚELINĂ.

- 10 boabe de piper negru
- 6 frunze de salvie
- 3 Tot felul de lucruri
- 2 benzi de 2 inchi de coajă de portocală
- 2 kilograme umăr de miel dezosat
- 3 c. supa de ulei de masline
- 2 cepe medii, tocate grosier
- 1 14,5 uncii roșii nesărate tăiate cubulețe, nescurcate
- 1 ½ cani supa de oase de vita (vezi reteta).veniturile) sau bulion nesărat
- ¾ pahar de vin alb sec
- 3 catei mari de usturoi, zdrobiti si curatati de coaja
- 2 kilograme de rădăcină de țelină, curățată și tăiată în cuburi de 1 inch
- 6 păstârnac medii, decojiți și tăiați în felii de 1 inch (aproximativ 2 lire sterline)
- 2 c. supa de ulei de masline
- 2 linguri crema de caju (vezi reteta)veniturile)
- 1 lingura mustar de Dijon (vezi reteta)veniturile)
- ¼ cană de arpagic tocat

1. Tăiați un pătrat de pânză de 7 inci pentru buchet garni. Puneți ardeiul, salvie, ienibaharul și coaja de portocală în mijlocul prosopului. Luați colțurile tifonului și legați strâns cu șnur curat din bumbac 100%. Pus deoparte.

2. Tăiați grăsimea de pe umărul de miel; tăiați mielul în bucăți de 1 inch. Încinge 3 linguri de ulei de măsline în cuptorul olandez la foc mediu. Gatiti mielul, in reprize daca este necesar, in ulei incins pana se rumeneste; Scoateți din tigaie și păstrați la cald. Adăugați ceapa în tigaie; Gatiti 5 pana la 8 minute sau pana cand sunt fragezi si se rumenesc usor. Adăugați buchet garni, roșii nescurcate, 1 ¼ cană bulion, vin și usturoi. A fierbe; reduce caldura. Gatiti, acoperit, timp de 2 ore, amestecand din cand in cand. Scoateți și aruncați buchetul garni.

3. Între timp, pentru piure, puneți rădăcina de țelină și păstârnacul într-o oală mare; acoperiți cu apă. Se aduce la fierbere la foc mediu-mare; reduceți căldura la minim. Acoperiți și gătiți timp de 30 până la 40 de minute sau până când legumele sunt foarte fragede când sunt străpunse cu o furculiță. Drenaj; Puneți legumele într-un robot de bucătărie. Adăugați ¼ de cană bulion de oase de vită rămase și 2 linguri de ulei; Pulsați până când piureul este aproape omogen, dar are încă ceva textură, oprindu-vă o dată sau de două ori pentru a răzui părțile laterale. Transferați piureul într-un bol. Adaugati crema de caju, mustar si arpagic.

4. Pentru a servi, împărțiți piureul în patru boluri; Adăugați tocană de miel deasupra.

TOCANĂ DE MIEL CU TĂIȚEI DIN RĂDĂCINĂ DE ȚELINĂ

PREGATIRE:Gatiti 30 de minute: 1 ora 30 de minute: 6 portii

O ABORDARE COMPLET DIFERITĂ A RĂDĂCINII DE ȚELINĂACEASTĂ TOCANĂ CONSTĂ DIN MAI MULT DECÂT TOCANĂ DE MIEL (VEZI.VENITURILE). UN FELIĂTOR DE MANDOLINĂ ESTE FOLOSIT PENTRU A FACE BENZI FOARTE SUBȚIRI DE RĂDĂCINI DULCI ȘI NUCI. GATITI "TAITEII" IN CASEROLA PANA SE INMOAIE.

2 lingurite de condimente de lamaie si ierburi (vezi reteta).veniturile)

1 ½ kg tocană de miel, tăiată în cuburi de 1 inch

2 c. supa de ulei de masline

2 cani de ceapa tocata

1 cana morcovi tocati

1 cana napi tocati

1 lingura de usturoi tocat marunt (6 catei)

2 linguri pasta de rosii nesarata

½ cană de vin roșu uscat

4 cesti supa de oase de vita (vezi reteta).veniturile) sau bulion nesărat

1 frunză de dafin

2 căni de dovlecel, cuburi de 1 inch

1 cana vinete tocate

1 kilogram rădăcină de țelină, decojită

Pătrunjel proaspăt tocat mărunt

1. Preîncălziți cuptorul la 250°F. Presărați uniform condimentul de lemongrass peste miel. Se amestecă ușor pentru a acoperi. Încingeți un cuptor olandez de 6 până la 8 litri la foc mediu-mare. Adăugați 1 lingură de ulei de măsline și jumătate de miel condimentat la cuptorul

olandez. Prăjiți carnea în ulei încins pe toate părțile; Transferați friptura pe o farfurie și repetați cu restul de miel și grăsime. Reduceți căldura la mediu.

2. Adăugați în tigaie ceapa, morcovii și napii. Gatiti si amestecati legumele timp de 4 minute; Adăugați usturoiul și piureul de roșii și gătiți încă 1 minut. Adăugați vinul roșu, bulionul de oase de vită, frunza de dafin și orice carne și sucuri rezervate colectate în tigaie. Se fierbe amestecul. Acoperiți cuptorul olandez și puneți-l în cuptorul preîncălzit. Gatiti 1 ora. Se amestecă dovlecelul și vinetele. Reveniți la cuptor și coaceți încă 30 de minute.

3. În timp ce caserola este la cuptor, tăiați rădăcina de țelină subțire folosind o mandolină. Tăiați felii de rădăcină de țelină în fâșii lățime de jumătate de inch. (Ar trebui să aveți aproximativ 4 căni.) Amestecați fâșiile de rădăcină de țelină în caserolă. Gatiti aproximativ 10 minute sau pana se inmoaie. Scoateți și aruncați frunzele de dafin înainte de a servi caserola. Se presara fiecare portie cu patrunjel tocat.

COTLETE FRANTUZESTI DE MIEL CU SOS DE RODIE

PREGATIRE: 10 minute de gătit: 18 minute de răcire: 10 minute: 4 porții

TERMENUL „FRANCEZĂ" ÎNSEAMNĂ COASTĂGRĂSIMEA, CARNEA ȘI ȚESUTUL CONJUNCTIV AU FOST ÎNDEPĂRTATE CU UN CUȚIT ASCUȚIT. OFERĂ O PREZENTARE ATRACTIVĂ. CEREȚI MĂCELARULUI DVS. SĂ FACĂ ACEST LUCRU SAU PUTEȚI SĂ O FACEȚI SINGUR.

SOS AMAR

- ½ cană suc de rodie neîndulcit
- 1 lingura de suc proaspat de lamaie
- 1 șalotă, decojită și tăiată în felii subțiri
- 1 lingurita coaja de portocala rasa fin
- ⅓ cană curmale Medjool tocate
- ¼ lingurita de ardei rosu macinat
- ¼ cană semințe de rodie*
- 1 lingura ulei de masline
- 1 lingura patrunjel italian proaspat tocat (frunza plata)

COTLETE DE MIEL

- 2 c. supa de ulei de masline
- 8 cotlete franțuzești de miel

1. Pentru chutney, combinați sucul de rodie, sucul de lămâie și arpagicul într-o cratiță mică. A fierbe; reduce caldura. Gatiti descoperit timp de 2 minute. Adăugați coaja de portocală, curmale și ardeiul roșu măcinat. Se lasa sa se raceasca aproximativ 10 minute. Amesteca rodie, 1 lingura de ulei de masline si patrunjel. A se pastra la temperatura camerei pana la servire.

2. Pentru cotlete, încălziți 2 linguri de ulei de măsline într-o tigaie mare la foc mediu. Lucrând în loturi, puneți cotletele în tigaie și gătiți la foc mediu (145°F), întorcându-le o dată, timp de 6 până la 8 minute. Cele mai bune coaste cu chutney.

*Notă: rodiile proaspete și ariile sau semințele lor sunt disponibile din octombrie până în februarie. Dacă nu le găsiți, folosiți semințe uscate neîndulcite pentru a adăuga crocant chutney-ului.

COTLETE DE MIEL CHIMICHURRI CU SALATĂ DE RADICCHIO SOTAT

PREGATIRE: marinat 30 minute: prăjit 20 minute: 20 minute randament: 4 porții

ÎN ARGENTINA, CHIMICHURRI ESTE CEL MAI POPULAR CONDIMENTÎNSOȚEŞTE CELEBRA FRIPTURĂ GAUCHO LA GRĂTAR. EXISTĂ MULTE SOIURI, DAR SOSUL GROS DE IERBURI ESTE DE OBICEI FĂCUT CU PĂTRUNJEL, CORIANDRU SAU CIMBRU, ARPAGIC ŞI/SAU USTUROI, ARDEI ROȘU ZDROBIT, ULEI DE MĂSLINE ŞI OȚET DE VIN ROȘU. ESTE GROZAV PE FRIPTURA LA GRĂTAR, DAR ESTE LA FEL DE EXCELENT PE COTLETE DE MIEL, PUI ŞI CARNE DE PORC PRĂJITE SAU PRĂJITE.

- 8 cotlete de miel, tăiate cu grosimea de 1 inch
- ½ cana sos Chimichurri (vezi reteta) veniturile)
- 2 c. supa de ulei de masline
- 1 ceapă dulce, tăiată în jumătate şi feliată
- 1 lingurita de seminte de chimion, zdrobite*
- 1 catel de usturoi, tocat marunt
- 1 cap de radicchio, fără miez şi tăiat fâşii subțiri
- 1 lingura de otet balsamic

1. Puneți cotletele de miel într-un castron mare. Stropiți cu 2 linguri de sos Chimichurri. Cu ajutorul degetelor, întindeți sosul pe toată suprafața fiecărei cotlete. Lăsați cotletele la marinat la temperatura camerei timp de 20 de minute.

2. Între timp, pentru salata de radicchio sot, încălziți 1 lingură de ulei de măsline într-o tigaie mare. Adăugați ceapa, chimenul şi usturoiul; Gatiti, amestecand des, timp de 6 pana la 7 minute sau pana ce ceapa se inmoaie. Adăugați radicchio; Gatiti 1-2 minute sau pana cand radicchio este

usor ofilit. Transferați salata într-un castron mare. Adăugați oțetul balsamic și amestecați bine pentru a se combina. Acoperiți și păstrați la cald.

3. Curăță tigaia. Adăugați restul de 1 lingură de ulei de măsline în tigaie și încălziți la foc mediu-mare. Adăugați cotlete de miel; reduceți căldura la mediu. Gătiți cotletele, întorcându-le ocazional cu clești, timp de 9 până la 11 minute sau până când se dorește.

4. Serviți cotletele cu salata și sosul Chimichurri rămas.

*Notă: Folosiți un mojar și un pistil pentru a zdrobi chimionul sau puneți semințele pe o masă de tăiat și zdrobiți-le cu un cuțit de bucătărie.

COTLETE DE MIEL AROMATE CU HAMSII SI SALVIE, CU REMOULADE DE CARTOFI DULCI SI MORCOVI

PREGATIRE:12 minute Rece: 1 până la 2 ore Grill: 6 minute Randament: 4 porții

EXISTĂ TREI TIPURI DE COTLETE DE MIEL. COTLETELE GROASE ȘI CĂRNOASE SEAMĂNĂ CU FRIPTURILE CU OASE MICI. COTLETELE MENȚIONATE AICI SUNT FĂCUTE PRIN TĂIEREA ÎNTRE OASELE UNUI GRĂTAR DE MIEL. SUNT FOARTE MOI ȘI AU UN PICIOR LUNG ȘI ATRACTIV PE LATERALE. DE OBICEI SE SERVESC PRAJITE SAU LA GRATAR. COTLETELE ECONOMICE SUNT PUȚIN MAI GRASE ȘI MAI PUȚIN FRAGEDE DECÂT CELELALTE DOUĂ TIPURI. CEL MAI BINE ESTE FIERT ȘI APOI FIERT CU VIN, BULION ȘI ROȘII SAU O COMBINAȚIE A ACESTORA.

3 morcovi medii, rasi grosier

2 cartofi dulci mici, taiati julienne* sau rasi grosier

½ cană Paleo Mayo (vezi rețeta)veniturile)

2 linguri de suc proaspăt de lămâie

2 lingurite de mustar de Dijon (vezi reteta)veniturile)

2 linguri patrunjel proaspat tocat

½ lingurita piper negru

8 cotlete de miel, tăiate de ½ până la ¾ inch grosime

2 linguri de salvie proaspata tocata sau 2 lingurite de salvie uscata, zdrobita

2 lingurite de piper ancho macinat

½ linguriță de usturoi pudră

1. Pentru reformulare, combinați morcovii și cartofii dulci într-un castron mediu. Într-un castron mic, amestecați Paleo Mayo, sucul de lămâie, muștarul de Dijon, pătrunjelul și piper negru. Se toarnă peste morcovi și

cartofi dulci; aruncă-l în jachetă. Acoperiți și lăsați la frigider pentru 1 până la 2 ore.

2. Între timp, combinați salvie, hamsii și praf de usturoi într-un castron mic. Frecați amestecul de condimente pe cotletele de miel.

3. Pentru un grătar cu cărbune sau pe gaz, puneți cotletele de miel pe grătar la foc mediu. Acoperiți și grătarul timp de 6 până la 8 minute pentru mediu-rar (145°F) sau 10 până la 12 minute pentru mediu (150°F), întorcându-se o dată la jumătatea timpului de gătire.

4. Serviți din nou cotletele de miel cu formula.

*Notă: Folosiți o mandolină cu accesoriu julienne pentru a tăia cartofii dulci.

COTLETE DE MIEL CU EȘALOTĂ, MENTĂ ȘI CIMBRU

PREGATIRE: 20 de minute Marinare: 1 până la 24 de ore Prăjire: 40 de minute Gratare: 12 minute Randament: 4 porții

CA ȘI ÎN CAZUL MAJORITĂȚII CĂRNURILOR MARINATE, CU CÂT LĂSAȚI IERBURILE SĂ INFUZEZE COTLETELE DE MIEL ÎNAINTE DE A LE GĂTI, CU ATÂT VOR FI MAI GUSTOASE. EXISTĂ O EXCEPȚIE DE LA ACEASTĂ REGULĂ; ADICĂ, UTILIZAȚI O MARINADĂ CARE CONȚINE INGREDIENTE FOARTE ACIDE, CUM AR FI SUCUL DE CITRICE, OȚETUL ȘI VINUL. DACĂ LĂSAȚI CARNEA ÎNTR-O MARINADĂ ACIDĂ PENTRU PREA MULT TIMP, ACEASTA VA ÎNCEPE SĂ SE DESCOMPUNĂ ȘI SĂ DEVINĂ MOALE.

MIEL
- 2 linguri eșalotă tocată mărunt
- 2 linguri de menta proaspata tocata marunt
- 2 linguri de cimbru proaspăt tocat mărunt
- 5 lingurițe de condiment mediteranean (vezi veniturile)
- 4 lingurite de ulei de masline
- 2 catei de usturoi, tocati marunt
- 8 grătare de miel, tăiate la aproximativ 1 inch grosime

SALATĂ
- ¾ de kilogram de sfeclă, tăiată
- 1 lingura ulei de masline
- ¼ cană suc proaspăt de lămâie
- ¼ cană ulei de măsline
- 1 lingură eșalotă tocată mărunt
- 1 linguriță muștar de Dijon (vezi veniturile)
- 6 căni de verdeață amestecată
- 4 lingurite de arpagic tocat

1. Pentru miel, într-un castron mic, combinați 2 linguri de eșapa, menta, cimbru, 4 lingurițe de condimente mediteraneene și 4 linguri de ulei de măsline. Frecați cotletele de miel peste tot; frecați-l cu degetele. Pune cotletele pe o farfurie; se acopera cu folie de plastic si se da la frigider pentru cel putin 1 ora sau pana la 24 de ore pentru a marina.

2. Pentru salată, preîncălziți cuptorul la 400°F. Spălați bine sfecla; tăiate în cuburi. Se pune într-un material refractar de 2 litri. Stropiți cu 1 lingură de ulei de măsline. Acoperiți vasul cu folie de aluminiu. Se prăjește aproximativ 40 de minute sau până când sfecla este fragedă. Se răcește complet. (Sfecla poate fi prăjită cu 2 zile înainte.)

3. Combinați suc de lămâie, ¼ de cană de ulei de măsline, 1 lingură de eșapă, muștar de Dijon și restul de 1 linguriță de condiment mediteranean într-un borcan cu capac cu șurub. Acoperiți și agitați bine. Combinați sfecla și verdeața într-un castron de salată; Se amestecă cu puțin oțet.

4. Pentru un grătar cu cărbune sau pe gaz, puneți cotletele direct pe un grătar uns la foc mediu. Închideți capacul și grătarul până la nivelul dorit, întorcându-l o dată la jumătatea gătitului. Lăsați 12 până la 14 minute pentru rar mediu (145 °F) sau 15 până la 17 minute pentru rar mediu (160 °F).

5. Pentru a servi, puneți 2 cotlete de miel și o parte din salată pe patru farfurii de servire. Se presară cu arpagic. Întindeți sosul de salată rămas.

BURGER DE MIEL UMPLUT CU SOS DE ARDEI ROȘU DE GRĂDINĂ

PREGATIRE:20 minute stand: 15 minute gratar: 27 minute: 4 portii

COULIS NU ESTE ALTCEVA DECÂT UN SOS SIMPLU ȘI NETEDSE FACE DIN PIURE DE FRUCTE SAU LEGUME. FRUMOSUL SOS DE ARDEI ROȘU STRĂLUCITOR AL ACESTOR BURGERI DE MIEL PRIMEȘTE O DOZĂ DUBLĂ DE AFUMARE DE LA GRĂTAR ȘI O DOZĂ DE BOIA AFUMATĂ.

SALATĂ CU ARDEI ROȘU

1 ardei rosu mare

1 lingura de vin alb sec sau otet de vin alb

1 lingurita ulei de masline

½ lingurita boia afumata

BURGERI

¼ de cană de roșii uscate la soare nesulfurate mărunțite

¼ cană dovlecel ras

1 lingura busuioc proaspat tocat

2 lingurițe de ulei de măsline

½ lingurita piper negru

1 ½ kg de miel măcinat

1 albus de ou, batut usor

1 lingură condiment mediteranean (vezi veniturile)

1. Pentru supa de ardei roșu, pune ardei roșu direct pe grătar la foc mediu. Acoperiți și grătarul timp de 15 până la 20 de minute sau până când se carbonizează și se înmoaie, întorcând ardeiul la fiecare 5 minute să se rumenească pe ambele părți. Scoateți de pe grătar și puneți imediat într-o pungă de hârtie sau folie, acoperind ardeii complet. Lăsați

să stea timp de 15 minute sau până când se răceşte suficient pentru a fi manipulat. Folosind un cuţit ascuţit, îndepărtaţi cu grijă şi aruncaţi pielea. Ardeiul se taie în sferturi pe lungime şi se îndepărtează tulpinile, seminţele şi membranele. Combinaţi ardeii prăjiţi, vinul, uleiul de măsline şi boiaua afumată într-un robot de bucătărie. Acoperiţi şi procesaţi sau amestecaţi până la omogenizare.

2. Intre timp, pentru umplutura, asezati rosiile uscate la soare intr-un vas mic si acoperiti cu apa clocotita. Lasă-l să stea 5 minute; drenaj. Roşiile uscate şi dovleceii sunt răzuite cu prosoape de hârtie. Într-un castron mic, combinaţi roşiile, dovlecelul, busuiocul, uleiul de măsline şi ¼ de linguriţă de piper negru; pune deoparte.

3. Combinaţi mielul măcinat, albuşul de ou, ¼ de linguriţă de piper negru rămas şi condimentele mediteraneene într-un castron mare; Amesteca bine. Împărţiţi amestecul de carne în opt bucăţi egale şi modelaţi fiecare într-o chiflă de jumătate de inch grosime. Pune umplutura pe patru dintre chiftele; acoperiţi cu burgerii rămaşi şi apăsaţi marginile pentru a sigila umplutura.

4. Pune fripturile direct pe gratar la foc mediu. Acoperiţi şi grătarul timp de 12 până la 14 minute sau până când sunt fierte (160°F), întorcându-se o dată la jumătatea gătitului.

5. Pentru a servi, acoperiţi burgerii cu sos de ardei roşu.

FRIGARUI DUBLE DE MIEL CU CIMBRU SI SOS TZATZIKI

ABSORBI:30 minute preparare: 20 minute răcire: 30 minute grătar: 8 minute randament: 4 porții

ACESTE FRIGARUI DE MIEL SUNT CU ADEVARATCUNOSCUTĂ SUB NUMELE DE CHIFTELUȚE ÎN MAREA MEDITERANĂ ȘI ORIENTUL MIJLOCIU, CARNEA TOCATĂ CONDIMENTATĂ (DE OBICEI MIEL SAU VITĂ) ESTE FORMATĂ ÎNTR-O BILĂ SAU ÎN JURUL UNEI FRIGĂRUI ȘI ESTE PUSĂ LA GRĂTAR. OREGANO PROASPĂT ȘI USCAT LE OFERĂ O AROMĂ GRECEASCĂ PLĂCUTĂ.

8 frigarui de lemn de 10 inchi

FRIGARUI DE MIEL

1 ½ kg de miel măcinat slab

1 ceapa mica, tocata si stoarsa uscata

1 lingura de cimbru proaspat tocat

2 lingurite de cimbru uscat, zdrobit

1 lingurita piper negru

SOS TZATZIKI

1 cana Paleo Mayo (vezi reteta)veniturile)

½ castravete mare, fără sămânță, ras și stors uscat

2 linguri de suc proaspăt de lămâie

1 catel de usturoi, tocat marunt

1. Înmuiați frigăruile în apă suficientă pentru a le acoperi timp de 30 de minute.

2. Pentru kebab de miel, combina intr-un castron mare carnea tocata, ceapa, cimbru proaspat si uscat si ardeiul; Amesteca bine. Împărțiți amestecul de miel în opt părți egale. Modelați fiecare bucată aproximativ jumătate din

dimensiunea unei frigărui, creând un buștean de 5 × 1 inch. Acoperiți și lăsați la frigider pentru cel puțin 30 de minute.

3. Între timp, pentru sosul Tzatziki, amestecați Paleo Mayo, castraveții, sucul de lămâie și usturoiul într-un castron mic. Se acoperă și se păstrează la frigider până la servire.

4. Pentru un gratar pe carbune sau pe gaz, asezati kebab de miel direct pe gratar la foc mediu. Închideți capacul și grătarul pentru cca. Grătiți la foc mediu (160°F) timp de 8 minute, întorcându-le o dată la jumătatea pregătirii.

5. Serviți kebaburile de miel cu sos tzatziki.

PUI PRAJIT CU SOFRAN SI LAMAIE

PREGATIRE: 15 minute răcire: 8 ore gătire: 1 oră 15 minute așteptare: 10 minute randament: 4 porții

ȘOFRANUL ESTE STAMINE USCATEUN TIP DE FLOARE DE ȘOFRAN. ESTE SCUMP, DAR PUȚIN MERGE DEPARTE. ACESTA ADAUGĂ AROMA SA DISTINCTIVĂ DE PĂMÂNT ȘI NUANȚA GALBENĂ SUBTILĂ ACESTUI PUI PRĂJIT CU PIELE CROCANTĂ.

1 pui întreg de 4 până la 5 lire

3 c. supa de ulei de masline

6 catei de usturoi, zdrobiti si curatati de coaja

1½ linguriță coajă de lămâie rasă fin

1 lingura de cimbru proaspat

1½ linguriță piper negru măcinat

½ linguriță fir de șofran

2 foi de dafin

1 lămâie, tăiată în sferturi

1. Scoateți gâtul și măruntaiele din pui; aruncați sau salvați pentru o altă utilizare. Spălați cavitatea corpului puiului; se usucă cu un prosop de hârtie. Tăiați orice exces de piele sau grăsime de la pui.

2. Într-un robot de bucătărie, combinați uleiul de măsline, usturoiul, coaja de lămâie, cimbru, piper și turmeric. Procesați pentru a forma o pastă netedă.

3. Folosește-ți degetele pentru a întinde pasta pe exteriorul și pe interiorul puiului. Transferați puiul într-un castron mare; se acopera si se da la frigider pentru cel putin 8 ore sau peste noapte.

4. Preîncălziți cuptorul la 425°F. Puneți felii de lămâie și foi de dafin în cavitatea puiului. Legați picioarele împreună cu frânghie din bumbac 100%. Pune aripioarele sub pui. Introduceți un termometru pentru carne pentru cuptor în mușchiul interior al coapsei, fără a atinge osul. Pune puiul pe grătar într-o tigaie mare.

5. Coaceți timp de 15 minute. Reduceți temperatura cuptorului la 375°F. Coaceți aproximativ 1 oră mai mult sau până când sucurile sunt limpezi și termometrul înregistrează 175°F. Pui la cort cu folie. Lasă-l să stea 10 minute înainte de a tăia.

PUI SPATCHCOCKED CU JICAMA SLAW

PREGATIRE: 40 minute gratar: 1 ora 5 minute asteptare: 10 minute preparare: 4 portii

„SPATCHCOCK" ESTE UN TERMEN CULINAR VECHITERMENUL A FOST REINTRODUS RECENT PENTRU A DESCRIE PROCESUL DE ÎMPĂRȚIRE A UNEI PĂSĂRI MICI, CUM AR FI O GĂINĂ SAU O GĂINĂ, ÎN SPATE ȘI APOI DESCHIDERE ȘI APLATIZARE CA PE O CARTE PENTRU A VĂ AJUTA SĂ GĂTIȚI MAI RAPID ȘI MAI UNIFORM. ESTE ASEMĂNĂTOR CU UN FLUTURE, DAR SE REFERĂ DOAR LA PĂSĂRI.

PUI
- 1 ardei poblano
- 1 lingură eșalotă tocată mărunt
- 3 catei de usturoi, tocati marunt
- 1 lingurita coaja de lamaie rasa fin
- 1 lingurita coaja de lamaie rasa fin
- 1 lingurita de condiment afumat (vezi reteta).veniturile)
- ½ linguriță de cimbru uscat, zdrobit
- ½ linguriță de chimen măcinat
- 1 lingura ulei de masline
- 1 pui întreg cântărind 3 până la 3½ kilograme

SALATĂ DE VARZĂ
- ½ jicama medie, decojită și tăiată julien (aproximativ 3 căni)
- ½ cană de arpagic feliat subțire (4)
- 1 măr Granny Smith, decojit, fără miez și tăiat juliană
- ⅓ cană coriandru proaspăt tocat
- 3 linguri de suc proaspăt de portocale
- 3 c. supa de ulei de masline
- 1 lingurita condiment de lamaie si ierburi (vezi reteta).veniturile)

1. Pentru grătar cu cărbune, așezați cărbuni încinși pe o parte a grătarului. Puneți o tavă de picurare sub partea goală a grătarului. Puneți poblano pe grătar chiar deasupra cărbunelui mediu. Acoperiți și grătarul timp de 15 minute sau până când poblano este carbonizat pe toate părțile, întorcându-se ocazional. Înfășurați imediat poblano în folie; Lasă-l să stea timp de 10 minute. Deschideți folia și tăiați poblano în jumătate pe lungime; Îndepărtați tulpinile și semințele (vezi fig.sfaturi). Folosind un cuțit ascuțit, îndepărtați cu grijă și aruncați pielea. Tăiați mărunt poblano. (Pentru un grătar cu gaz, preîncălziți grătarul; reduceți căldura la mediu. Setați la gătit indirect. Grătiți pe o groapă deschisă ca mai sus.)

2. Pentru frecare, combinați poblano, arpagicul, usturoiul, coaja de lămâie, condimentele afumate, oregano și chimenul într-un castron mic. Se amestecă uleiul; Se amestecă bine pentru a face o pastă.

3. Pentru a marunti puiul, scoateti gatul si interiorul puiului (rezervati pentru alta utilizare). Așezați pieptul de pui cu partea în jos pe o masă de tăiat. Folosește foarfece de bucătărie pentru a face o tăietură longitudinală pe o parte a coloanei vertebrale, începând de la gât. Repetați incizia pe lungime spre partea opusă a coloanei vertebrale. Scoateți și aruncați coloana vertebrală. Întoarceți pielea de pui în sus. Apăsați între piept pentru a rupe sternul, astfel încât puiul să fie plat.

4. Începând de la gât pe o parte a sânului, glisați degetele între piele și carne, slăbind pielea pe măsură ce vă deplasați spre coapsă. Slăbiți pielea din jurul coapsei. Repetați pe

cealaltă parte. Folosește-ți degetele pentru a întinde aluatul peste carnea de sub pielea puiului.

5. Așezați pieptul de pui cu partea în jos pe grătar deasupra tăvii de picurare. Greutăți cu două cărămizi căptușite cu folie de aluminiu sau o oală mare din fontă. Închideți capacul și grătarul timp de 30 de minute. Întoarceți osul de pui pe grătar, cântăriți-l din nou cu o cărămidă sau o tigaie. Prăjiți, acoperit, încă aproximativ 30 de minute sau până când puiul nu mai este roz (175 ° F în mușchiul coapsei). Scoateți puiul de pe grătar; Lasă-l să stea timp de 10 minute. (Pentru un grătar cu gaz, așezați puiul pe grătar departe de foc. Gratar ca mai sus.)

6. Între timp, pentru salată, combinați jicama, ceapa, mărul și coriandru într-un castron mare. Într-un castron mic, amestecați sucul de portocale, uleiul și condimentele de iarbă de lămâie. Se toarnă peste el amestecul de jicama și se amestecă bine. Serviți puiul cu salata.

SPATE DE PUI PRAJIT CU VODCA, MORCOVI SI SOS DE ROSII

PREGATIRE:15 minute de gătit: 15 minute de gătit: 30 de minute Randament: 4 porții

VODCA POATE FI FĂCUTĂ DIN MAI MULTE SOIURIO VARIETATE DE ALIMENTE PRECUM CARTOFI, PORUMB, SECARĂ, GRÂU ȘI ORZ, CHIAR ȘI STRUGURI. DEȘI NU EXISTĂ PREA MULTĂ VODCĂ ÎN ACEASTĂ BAIE CÂND O ÎMPĂRȚIȚI ÎN PATRU PORȚII, CĂUTAȚI VODCĂ FĂCUTĂ DIN CARTOFI SAU STRUGURI PENTRU A O FACE PRIETENOASĂ CU PALEO.

- 3 c. supa de ulei de masline
- 4 piepti de pui dezosati sau bucati suculente de pui, fara piele
- 1 conserve de 28 uncii roșii fără sare adăugată, scurse
- ½ cana ceapa tocata marunt
- ½ cană morcovi tăiați mărunt
- 3 catei de usturoi, tocati marunt
- 1 lingurita de condiment mediteranean (vezi veniturile)
- ⅛ linguriță de piper cayenne
- 1 crenguță de rozmarin proaspăt
- 2 linguri de vodca
- 1 lingura busuioc proaspat tocat (optional)

1. Preîncălziți cuptorul la 375°F. Încinge 2 linguri de ulei într-o tigaie foarte mare la foc mediu-mare. Adăugați pui; aproximativ Coaceți 12 minute sau până când se rumenesc și se rumenesc uniform. Puneti tava de copt in cuptorul preincalzit. Gatiti descoperit timp de aproximativ 20 de minute.

2. Între timp, pentru sos, tăiați roșiile cu foarfecele de bucătărie. Încinge restul de 1 lingură de ulei într-o cratiță

medie la foc mediu. Adăugați ceapa, morcovul și usturoiul; Gatiti, amestecand des, timp de 3 minute sau pana se inmoaie. Se amestecă roșiile tocate, condimentele mediteraneene, ardeiul roșu și crenguța de rozmarin. Se aduce la fierbere la foc mediu-mare; reduce caldura. Gatiti descoperit timp de aproximativ 10 minute, amestecand din cand in cand. Se amestecă vodca; Gatiti inca 1 minut; Scoateți și aruncați crenguța de rozmarin.

3. Turnați sosul peste puiul din tigaie. Puneți tava înapoi în cuptor. Se coace, acoperit, aprox. Coaceți încă 10 minute sau până când puiul este fraged și nu mai este roz (175°F). Presărați busuioc dacă doriți.

POULET RÔTI ȘI RUTABAGA FRITES

PREGATIRE:40 de minute de gătit: 40 de minute: 4 porții

CARTOFII PRĂJIȚI CROCANȚI RUTABAGA SUNT DELICIOȘISERVITE CU PUI PRĂJIT ȘI SUCURI DE GĂTIT ÎNSOȚITOARE — DAR SUNT LA FEL DE DELICIOASE PREPARATE SINGURE ȘI SERVITE CU PALEO KETCHUP (VEZI REȚETA).VENITURILE) SAU SERVIT ÎN STIL BELGIAN CU PALEO AÏOLI (MAIONEZĂ CU USTUROI, VEZI).VENITURILE).

6c. supa de ulei de masline

1 lingură condiment mediteranean (veziveniturile)

4 pulpe de pui dezosate și fără piele (aproximativ 1 ¼ de kilograme în total)

4 pulpe de pui, fără piele (aproximativ 1 kg în total)

1 pahar de vin alb sec

1 cana supa de oase de pui (vezi reteta).veniturile) sau bulion de pui nesarat

1 ceapă mică, tăiată în sferturi

Ulei

1½ până la 2 kilograme rutabaga

2 linguri arpagic proaspat tocat

piper negru

1. Preîncălziți cuptorul la 400°F. Combinați 1 lingură de ulei de măsline și condimentele mediteraneene într-un castron mic; Frecați-l pe bucățile de pui. Încinge 2 linguri de ulei într-o tigaie foarte mare. Adăugați bucățile de pui, cu partea de carne în jos. Gatiti, neacoperit, aproximativ 5 minute sau pana devin aurii. Scoateți tigaia de pe aragaz. Întoarceți bucățile de pui astfel încât partea rumenită să fie în sus. Adăugați vinul, bulionul de oase de pui și ceapa.

2. Așezați tava de copt pe grătarul din mijloc al cuptorului. Gatiti descoperit timp de aproximativ 10 minute.

3. Intre timp, pentru cartofi prajiti, ungeti usor o foaie mare de pergament cu ulei de masline; pune deoparte. Curățați rutabagas-urile. Folosind un cuțit ascuțit, tăiați rutabaga în felii de ½ inch. Tăiați feliile pe lungime în fâșii de ½ inch. Într-un castron mare, aruncați fâșii de rutabaga cu restul de 3 linguri de ulei. Întindeți fâșii de rutabaga într-un singur strat pe tava de copt pregătită; Puneți pe raftul de sus al cuptorului. Se coace 15 minute; Întoarceți cartofii prăjiți. Prăjiți puiul pentru încă 10 minute sau până când nu mai este roz (175°F). Scoateți puiul din cuptor. Prăjiți cartofii prăjiți timp de 5 până la 10 minute sau până când devin aurii și fragezi.

4. Scoateți puiul și ceapa din tigaie, rezervând sucurile. Acoperiți puiul și ceapa pentru a se menține cald. Aduceți apa la fiert la foc mediu; reduce caldura. Gatiti, descoperit, inca 5 minute sau pana cand apa scade putin.

5. Pentru a servi, se prăjesc cartofii cu arpagic și se condimentează cu piper. Servește puiul cu sucurile de gătit și cartofii prăjiți.

TRIPLE CIUPERCI COQ AU VIN CU RUTABAGAS ZDROBIT

PREGATIRE: 15 minute Gatiti: 1 ora 15 minute Randament: 4 pana la 6 portii

DACĂ EXISTĂ CEREALE ÎN BOLDUPĂ CE AȚI ÎNMUIAT CIUPERCA USCATĂ (CEEA CE ESTE PROBABIL SĂ SE ÎNTÂMPLE), STRECURAȚI LICHIDUL PRINTR-O PÂNZĂ DE BRÂNZĂ DE GROSIME DUBLĂ PLASATĂ ÎNTR-O SITĂ CU OCHIURI FINE.

- 1 uncie ciuperci porcini uscate sau morel
- 1 pahar de apă clocotită
- 2 până la 2½ kilograme pulpe și pulpe de pui, fără piele
- piper negru
- 2 c. supa de ulei de masline
- 2 praz mediu, tăiat în jumătate pe lungime, spălat și tăiat în felii subțiri
- 2 ciuperci portobello, feliate
- 8 uncii ciuperci stridii proaspete, tulpinile îndepărtate și tăiate felii sau ciuperci proaspete feliate
- ¼ cană pastă de tomate fără sare adăugată
- 1 lingurita maghiran uscat, zdrobit
- ½ linguriță de cimbru uscat, zdrobit
- ½ cană de vin roșu uscat
- 6 cani supa de oase de pui (vezi reteta).veniturile) sau bulion de pui nesarat
- 2 foi de dafin
- 2 până la 2½ kilograme rutabagas, decojite și tocate
- 2 linguri arpagic proaspat tocat
- ½ lingurita piper negru
- Cimbru proaspăt tocat (opțional)

1. Amestecați ciupercile porcini și apă clocotită într-un castron mic; Lasă-l să stea timp de 15 minute. Scoateți ciupercile, rezervând lichidul de înmuiat. Tocați ciupercile. Pune deoparte ciupercile și lichidul de înmuiat.

2. Stropiți puiul cu piper. Într-o oală foarte mare, cu un capac etanș, încălziți 1 lingură de ulei de măsline la foc mediu-mare. Prăjiți bucățile de pui în două reprize în ulei foarte încins timp de aproximativ 3 minute. Coaceți, întorcând o dată, până se rumenesc ușor, 15 minute. Scoateți puiul din tigaie. Adăugați prazul, ciupercile portobello și ciupercile stridii. Gatiti, amestecand ocazional, timp de 4 pana la 5 minute sau pana cand ciupercile incep sa se rumeneasca. Se amestecă piureul de roșii, maghiranul și cimbru; Gatiti si amestecati 1 minut. Adăugați vin; Gatiti si amestecati 1 minut. Adăugați 3 căni de bulion de oase de pui, foi de dafin, ½ cană de lichid de sângerare pentru ciuperci rezervate și ciuperci rehidratate tocate. Întoarceți puiul în tigaie. A fierbe; reduce caldura.

3. Între timp, într-o oală mare, combinați napii și cele 3 căni de apă rămase. Dacă este necesar, adăugați suficientă apă pentru a acoperi rutabagas. A fierbe; reduce caldura. Coaceți, descoperit, amestecând ocazional, timp de 25 până la 30 de minute sau până când rutabaga este fragedă. Scurgeți rutabaga, rezervând lichidul. Puneți rutabagas-urile în tigaie. Adăugați 1 lingură rămasă de ulei de măsline, arpagic și ½ linguriță de piper. Folosind un zdrobitor de cartofi, zdrobiți amestecul de rutabaga și adăugați lichid de gătit după cum este necesar pentru a obține consistența dorită.

4. Scoateți foile de dafin din amestecul de pui; a arunca. Serviți puiul și sosul peste piureul de rutabaga. Stropiți cu cimbru proaspăt dacă doriți.

BAGHETE GLAZURATE CU PIERSICI-BRANDY

PREGATIRE:Gratar de 30 de minute: 40 de minute Randament: 4 portii

ACESTE PULPE DE PUI SUNT PERFECTECU O SALATĂ CROCANTĂ ȘI CARTOFI DULCI PICANȚI LA CUPTOR DIN REȚETA TUNISIAN PICANTĂ DE PORC (VEZI REȚETA).VENITURILE). AICI SERVIM O SALATA DE VARZA CROCANTA CU RIDICHI, MANGO SI MENTA (VEZI RETETA).VENITURILE).

TOPPING CU RACHIU DE PIERSICI

1 lingura ulei de masline

½ cană ceapă tocată

2 piersici proaspete medii, tăiate la jumătate, fără sâmburi și tocate

2 linguri de coniac

1 cana sos gratar (vezi reteta)veniturile)

8 pulpe de pui, fără piele, dacă se dorește (2 până la 2 ½ kilograme în total)

1. Pentru topping, încălziți uleiul de măsline într-o oală de mărime medie la foc mediu. Adăugați ceapa; gătiți, amestecând din când în când, timp de aproximativ 5 minute sau până când se înmoaie. Adăugați piersici. Acoperiți și gătiți, amestecând ocazional, timp de 4 până la 6 minute sau până când piersicile sunt fragede. Adăugați coniac; Gatiti descoperit timp de 2 minute, amestecand din cand in cand. Se lasa sa se raceasca putin. Transferați amestecul de piersici într-un blender sau robot de bucătărie. Acoperiți și amestecați sau procesați până la omogenizare. Adăugați sos de grătar. Acoperiți și amestecați sau procesați până la omogenizare. Întoarceți sosul în tigaie. Gatiti la foc mediu-mic pana se incalzeste.

Transferați ¾ de cană de sos într-un castron mic pentru a unge puiul. Păstrați sosul rămas la cald pentru a fi servit cu pui la grătar.

2. Pentru un grătar cu cărbune, așezați cărbunii la foc mediu în jurul unei tigaie pentru picurare. Testați temperatura medie în tava de picurare. Așezați pulpele de pui pe grătar peste tava de picurare. Acoperiți și grătarul timp de 40 până la 50 de minute sau până când puiul nu mai este roz (175 ° F), întorcându-l o dată la jumătatea gătitului și ungeți cu ¾ de cană de glazură peach-brandy în ultimele 5 până la 10 minute de grătar. (Pentru un grătar cu gaz, preîncălziți grătarul. Reduceți căldura la mediu. Reglați căldura pentru gătit indirect. Puneți pulpele de pui pe grătar, nu supraîncălziți. Închideți capacul și grătarul conform instrucțiunilor.)

PUI MARINAT CHILIAN CU SALATĂ DE MANGO ȘI PEPENE GALBEN

PREGATIRE:Răciți/marinat 40 de minute: grătar 2 până la 4 ore: serviți 50 de minute: 6 până la 8 porții

ANCHO CHILE ESTE UN POBLANO USCAT— UN ARDEI STRĂLUCITOR, VERDE ÎNCHIS, CU O AROMĂ INTENSĂ, PROASPĂTĂ. ANCHO CHILI ARE O AROMĂ UȘOR FRUCTATĂ, CU O NOTĂ DE PRUNE USCATE SAU STAFIDE ȘI DOAR O NOTĂ DE AMĂRĂCIUNE. ARDEII DIN NEW MEXICO POT FI MODERAT IUTE. ARDEII ROȘII PE CARE ÎI VEDEȚI ADUNAȚI ȘI AGĂȚAȚI ÎN RISTRE (ARANJAMENTE COLORATE DE ARDEI USCAȚI) ÎN PĂRȚI DIN SUD-VEST.

PUI

- 2 ardei uscați din New Mexico
- 2 ardei ancho uscati
- 1 pahar de apă clocotită
- 3 c. supa de ulei de masline
- 1 ceapa dulce mare, curatata de coaja si taiata felii groase
- 4 roșii rome, fără semințe
- 1 lingura de usturoi tocat marunt (6 catei)
- 2 lingurite chimen macinat
- 1 lingurita de cimbru uscat, zdrobit
- 16 pulpe de pui

SALATA

- 2 cani de pepene galben tocat
- 2 cani de pepene galben tocat
- 2 cani de mango tocat
- ¼ cană suc proaspăt de lămâie
- 1 lingurita pudra de chili

½ linguriță de chimen măcinat

¼ cană coriandru proaspăt tocat

1. Pentru pui, scoateți tulpinile și semințele din anșoa uscată și ardeii din New Mexico. Încinge o tigaie mare la foc mediu. Prăjiți ardeii în tigaie timp de 1 până la 2 minute sau până când sunt parfumați și ușor carbonizat. Puneți ardeii prăjiți într-un castron mic; Adăugați apă clocotită în vas. Lăsați să stea cel puțin 10 minute sau până când este gata de utilizare.

2. Preîncălziți grătarul. Acoperiți o foaie de copt cu folie de aluminiu; Întindeți 1 lingură de ulei de măsline pe folie. Adăugați felii de ceapă și roșii în tigaie. Prăjiți la aproximativ 4 inci de căldură timp de 6 până la 8 minute sau până când se înmoaie și se carbonizează. Se separă apa și se strecoară ardeii.

3. Pentru marinată, combinați ardeiul, ceapa, roșia, usturoiul, chimenul și cimbru într-un blender sau robot de bucătărie. Acoperiți și amestecați sau procesați până la omogenizare, adăugând apă rezervată după cum este necesar pentru a obține consistența dorită.

4. Așezați puiul într-o pungă de plastic mare, sigilabilă, pe o farfurie mică. Se toarnă marinada peste puiul din pungă, întorcând punga pentru a se acoperi uniform. Se lasă la marinat la frigider pentru 2 până la 4 ore, întorcând punga din când în când.

5. Pentru salată, combinați într-un castron mare pepenele galben, mierea, mango, sucul de lămâie, restul de 2 linguri de ulei de măsline, fulgi de ardei roșu, chimen și

coriandru. Aruncă-ți jacheta. Acoperiți și lăsați la frigider pentru 1 până la 4 ore.

6. Pentru un grătar cu cărbune, pune cărbuni la foc mediu în jurul unei tigaie. Testați tigaia la foc mediu. Scurgeți puiul din marinadă. Pune puiul pe gratar peste tava de picurare. Ungeți generos puiul cu o parte din marinada rezervată (aruncați orice marinată suplimentară). Acoperiți și grătarul timp de 50 de minute sau până când puiul nu mai este roz (175°F), întorcându-se o dată la jumătatea gătitului. (Pentru un grătar cu gaz, preîncălziți grătarul. Reduceți căldura la mediu. Setați la gătit indirect. Puneți puiul pe arzător oprit și procedați conform instrucțiunilor.) Serviți pulpele de pui cu salata.

PULPE DE PUI ÎN STIL TANDOORI CU RAITA DE CASTRAVEȚI

PREGATIRE: 20 de minute Marinat: 2 până la 24 de ore Prăjire: 25 minute Randament: 4 porții

RAITA SE FACE CU CAJUSMÂNTÂNĂ, SUC DE LĂMÂIE, MENTĂ, CORIANDRU ȘI CASTRAVEȚI. OFERĂ UN CONTRAST REVIGORANT CU PUIUL FIERBINTE ȘI PICANT.

PUI

1 ceapă, feliată subțire

1 bucată de 2 inchi de ghimbir proaspăt, curățată și tăiată în sferturi

4 catei de usturoi

3 c. supa de ulei de masline

2 linguri de suc proaspăt de lămâie

1 lingura de chimen macinat

1 lingurita turmeric macinat

½ linguriță de ienibahar măcinat

½ linguriță de scorțișoară pudră

½ lingurita piper negru

¼ lingurita ardei iute

8 pulpe de pui

CASTRAVETE RAITA

1 cana crema de caju (vezi reteta) veniturile)

1 lingura de suc proaspat de lamaie

1 lingura menta proaspata tocata

1 lingura coriandru proaspat tocat

½ linguriță de chimen măcinat

⅛ lingurita piper negru

1 castravete mediu, decojit, fără sămânță și tocat (1 cană)

felii de lamaie

1. Combinați ceapa, ghimbirul, usturoiul, uleiul de măsline, sucul de lămâie, chimenul, turmericul, ienibaharul, scorțișoara, piperul negru și ardeiul cayenne într-un blender sau robotul de bucătărie. Acoperiți și amestecați sau procesați până la omogenizare.

2. Folosind vârful cuțitului, străpungeți fiecare coapsă de patru sau cinci ori. Puneți bețișoarele într-o pungă mare de plastic resigilabilă într-un recipient mare. Adăugați amestecul de ceapă; Întoarce pielea. Marinați la frigider timp de 2 până la 24 de ore, întorcând punga din când în când.

3. Preîncălziți grătarul. Scoateți puiul din marinadă. Ștergeți excesul de marinată de pe coapse folosind prosoape de hârtie. Așezați pulpele pe grătarul unei foi de copt neîncălzite sau a unei foi de copt căptușite cu folie. Gătiți la 6 până la 8 inci de sursa de căldură timp de 15 minute. Întoarceți tobele; Coaceți aproximativ 10 minute sau până când puiul nu mai este roz (175°F).

4. Pentru raita, combinati crema de caju, sucul de lamaie, menta, coriandru, chimen si piper negru intr-un castron mediu. Amestecați cu grijă castraveții.

5. Serviți puiul cu raita și felii de lămâie.

PUI FIERT LA CURRY CU TUBERCULI, SPARANGHEL ȘI MERE VERDE MENTĂ

PREGATIRE:30 de minute de gătit: 35 de minute de odihnă: 5 minute randament: 4 porții

- 2 linguri ulei de cocos rafinat sau ulei de masline
- 2 kg piept de pui dezosat, fără piele, dacă se dorește
- 1 cană ceapă tocată
- 2 linguri de ghimbir proaspăt ras
- 2 linguri de usturoi tocat mărunt
- 2 linguri praf de curry nesarat
- 2 linguri de jalapeño tocat și semințe (vezi rețeta)sfaturi)
- 4 cani supa de oase de pui (vezi reteta)veniturile) sau bulion de pui nesarat
- 2 cartofi dulci medii (aproximativ 1 kg), decojiti si tocati
- 2 napi medii (aproximativ 6 uncii), decojiti si tocati
- 1 cana rosii fara samburi, tocate
- 8 uncii sparanghel, tăiat și tăiat în lungimi de 1 inch
- 1 cutie de 13,5 uncii de lapte de cocos natural (ca Nature's Way)
- ½ cană coriandru proaspăt tocat
- Gust de mere și mentă (veziveniturile, sub)
- felii de lamaie

1. Încinge uleiul într-un cuptor olandez de 6 litri la foc mediu-mare. Prăjiți puiul în loturi în ulei încins până se rumenește uniform, aprox. 10 minute. Transferați puiul pe o farfurie; pune deoparte.

2. Măriți căldura la mediu. Adăugați ceapa, ghimbir, usturoi, praf de curry și jalapeno în tigaie. Gatiti si amestecati 5 minute sau pana ce ceapa se inmoaie. Adăugați bulion de pui, cartofi dulci, napi și roșii. Întoarceți bucățile de pui în tigaie, asigurându-vă că puiul este scufundat în cât mai mult lichid posibil. Reduceți căldura la mediu-scăzut. Acoperiți și gătiți timp de 30 de minute sau până când

puiul nu mai este roz şi legumele sunt fragede. Se amestecă sparanghelul, laptele de cocos şi coriandru. Se ia de pe foc. Lasă-l să stea timp de 5 minute. Dacă este necesar, separaţi puiul de oase şi împărţiţi în mod egal în bolurile de servire. Serviţi cu Apple-Mint Relish şi felii de lămâie.

Relish cu mentă şi mere: Tăiaţi ½ cană de fulgi de nucă de cocos neindulci într-un robot de bucătărie până devine pudră. Adăugaţi 1 cană frunze proaspete de coriandru şi fierbeţi la abur; 1 cană de frunze de mentă proaspătă; 1 măr Granny Smith, fără miez şi tocat; 2 lingurite jalapeño tocate si seminte (vezi reteta)<u>sfaturi</u>); şi 1 lingură de suc proaspăt de lămâie. Pulsaţi până se toacă mărunt.

SALATA PAILLARD DE PUI LA GRATAR CU ZMEURA, SFECLA SI MIGDALE PRAJITE

PREGATIRE: 30 minute Gatire: 45 minute Marinare: 15 minute Gratare: 8 minute
Randament: 4 portii

½ cană migdale întregi

1½ linguriță ulei de măsline

1 sfeclă de mărime medie

1 sfeclă de mărime medie

2 jumătăți de piept de pui dezosat și fără piele de 6 până la 8 uncii

2 cesti de zmeura proaspata sau congelata, dezghetata

3 linguri otet de vin alb sau rosu

2 linguri tarhon proaspat tocat

1 lingură eșalotă tocată mărunt

1 linguriță muștar de Dijon (vezi veniturile)

¼ cană ulei de măsline

piper negru

8 cani de salata mixta de primavara

1. Pentru migdale, preîncălziți cuptorul la 400°F. Întindeți migdalele pe o bucată mică de hârtie de copt și amestecați cu ½ linguriță de ulei de măsline. Se prăjește aproximativ 5 minute sau până când devine auriu și maro auriu. Lasă-l să se răcească. (Migdalele pot fi prăjite cu 2 zile înainte și păstrate într-un recipient ermetic.)

2. Pentru sfeclă, puneți fiecare sfeclă pe o bucată mică de folie și stropiți fiecare cu ½ linguriță ulei de măsline. Înfășurați ușor folie în jurul sfeclei și puneți-le pe o tavă de copt sau pe o tavă de copt. Prăjiți sfecla la cuptor la 400 ° F timp de 40 până la 50 de minute sau până când se înmoaie când este străpunsă cu un cuțit. Scoatem din cuptor si lasam sa

se raceasca cat sa se descurce. Îndepărtați pielea cu un cuțit. Tăiați sfecla și lăsați-o deoparte. (Pentru a evita pătarea sfeclei prăjite, evitați amestecarea sfeclei. Sfecla poate fi prăjită și răcită cu 1 zi înainte. Aduceți la temperatura camerei înainte de servire.)

3. Pentru pui, tăiați fiecare piept de pui în jumătate pe orizontală. Așezați fiecare bucată de pui între două bucăți de folie de plastic. Folosind un ciocan de carne, bateți ușor până la aproximativ ¾ inch grosime. Pune puiul într-o farfurie mică și pune-l deoparte.

4. Pentru vinegretă, piurezi ușor ¾ de cană de zmeură într-un castron mare cu un tel (rezervă zmeura rămasă pentru salată). Adăugați oțet, tarhon, arpagic și muștar în stil Dijon; bate pentru a amesteca. Adăugați ¼ de cană de ulei de măsline într-un flux subțire și amestecați pentru a se amesteca bine. Se toarnă ½ cană de vinaigretă peste pui; imbraca puiul (rezerva vinaigreta ramasa pentru salata). Marinați puiul la temperatura camerei timp de 15 minute. Scoateți puiul din marinată și stropiți cu piper; Aruncă orice marinată rămasă pe farfurie.

5. Pentru un gratar pe carbune sau pe gaz, pune puiul direct pe gratar la foc mediu. Acoperiți și grătarul 8 până la 10 minute sau până când puiul nu mai este roz, întorcându-l o dată la jumătatea gătitului. (Puiul poate fi gătit și într-o tigaie.)

6. Combinați salata verde, sfecla verde și restul de 1 ¼ cană de zmeură într-un castron mare. Se toarnă vinaigreta rezervată peste salată; se amestecă ușor pentru a acoperi. Împărțiți salata în patru farfurii de servire; acoperiți

fiecare cu piept de pui la grătar. Tăiați grosier migdalele prăjite și presărați peste tot. Serviți imediat.

PIEPT DE PUI UMPLUT CU BROCCOLI, SOS DE ROSII PROASPAT SI SALATA CAESAR

PREGATIRE:40 de minute de gătit: 25 de minute randament: 6 porții

- 3 c. supa de ulei de masline
- 2 lingurițe de usturoi tocat mărunt
- ¼ lingurita de ardei rosu macinat
- 1 kilogram de broccoli raab, tăiat și tocat
- ½ cană stafide aurii nesulfurate
- ½ pahar de apă
- 4 jumătăți de piept de pui fără piele și dezosat de 5 până la 6 uncii
- 1 cană ceapă tocată
- 3 cani de rosii tocate
- ¼ cană busuioc proaspăt tocat
- 2 lingurite otet de vin rosu
- 3 linguri de suc proaspăt de lămâie
- 2 linguri Paleo Mayo (vezi reteta)veniturile
- 2 lingurite de mustar de Dijon (vezi reteta)veniturile
- 1 lingurita de usturoi tocat marunt
- ½ lingurita piper negru
- ¼ cană ulei de măsline
- 10 cani de salata verde tocata

1. Încinge 1 lingură ulei de măsline într-o tigaie mare la foc mediu-mare. Adăugați usturoiul și ardeiul roșu zdrobit; Gătiți și amestecați timp de 30 de secunde sau până când este parfumat. Adăugați broccoli tocat, stafidele și ½ cană de apă. Acoperiți și gătiți cca. 8 minute sau până când broccoli raab este ofilit și fraged. Scoateți capacul din tigaie; Lăsați excesul de apă să se evapore. Pus deoparte.

2. Pentru rulada taiati fiecare piept de pui in jumatate pe lungime; Așezați fiecare bucată între două bucăți de folie de plastic. Folosind partea plată a unui ciocan de carne, bate ușor puiul până când are o grosime de aproximativ ¼ inch. Aproximativ per rolă. ¼ cană amestec de broccoli raab într-un capăt scurt; Rulați prin plierea părților laterale pentru a acoperi complet umplutura. (Rouladas pot fi preparate cu 1 zi în avans și păstrate la frigider până când sunt gata.)

3. Încinge 1 lingură ulei de măsline într-o tigaie mare la foc mediu-mare. Adăugați rulourile, coaseți marginile în jos. Gatiti aprox. Se prăjește timp de 8 minute sau până când se rumenește pe toate părțile, întorcându-se de două sau de trei ori în timpul gătirii. Transferați rulourile pe o farfurie.

4. Pentru sos, încălziți 1 lingură de ulei de măsline rămas într-o tigaie la foc mediu. Adăugați ceapa; gătiți aproximativ 5 minute sau până când devine translucid. Adăugați roșiile și busuiocul. Puneți rulourile deasupra sosului în tigaie. Se aduce la fierbere la foc mediu-mare; reduce caldura. Acoperiți și gătiți aproximativ 5 minute sau până când roșiile încep să se descompună, dar își păstrează forma și rulourile sunt încălzite.

5. Pentru a condimenta, amestecați într-un castron mic sucul de lămâie, Paleo Mayo, muștarul de Dijon, usturoiul și piper negru. Stropiți cu ¼ cană ulei de măsline, bateți până se emulsionează. Într-un castron mare, amestecați dressingul cu salată verde tocată. Pentru a servi, împărțiți

salata verde în șase farfurii de servire. Tăiați rulourile și puneți-le pe salată verde; Stropiți cu sos de roșii.

SHAWARMA DE PUI LA GRATAR CU LEGUME PICANTE SI SOS DE NUCI DE PIN

PREGATIRE:Marinare 20 de minute: Gratare 30 de minute: 10 minute: 8 împachetări (4 porții)

1 ½ kilograme de piept de pui fără piele şi dezosat, tăiat în bucăți de 2 inci
5 linguri de ulei de măsline
2 linguri de suc proaspăt de lămâie
1¾ linguriță de chimen măcinat
1 lingurita de usturoi tocat marunt
1 lingurita de ardei rosu
½ linguriță pudră de curry
½ linguriță de scorțişoară pudră
¼ lingurita ardei iute
1 dovlecel mediu, tăiat în jumătate
1 vinete mică, tăiată în felii de ½ inch
1 ardei galben mare, tăiat în jumătate şi îndepărtat semințele
1 ceapă roşie medie, tăiată în sferturi
8 roşii cherry
8 frunze mari de salată verde
Sos de nuci de pin prajite (vezi.veniturile)
felii de lamaie

1. Pentru marinată, într-un castron mic, combinați 3 linguri de ulei de măsline, suc de lămâie, 1 linguriță de chimen, usturoi, ½ linguriță boia de ardei, pudră de curry, ¼ linguriță de scorțişoară şi piper cayenne. Puneți bucățile de pui într-o pungă de plastic mare, sigilabilă, pe o farfurie mică. Se toarnă marinada peste pui. Pungi sigilate; Transformă geanta în piele. Se lasă la marinat la frigider

pentru aproximativ 30 de minute, întorcând punga din când în când.

2. Scoateți puiul din marinată; aruncați muratul. Așezați puiul pe patru frigărui lungi.

3. Puneți dovleceii, vinetele, ardeiul roșu și ceapa într-o tavă de copt. Stropiți cu 2 linguri de ulei de măsline. Se presară cu ¾ de linguriță de chimion rămasă, cu ½ linguriță de cayenne rămasă și cu ¼ de linguriță de scorțișoară rămasă; Se intinde usor peste legume. Trei roșii pe două frigărui.

3. Pentru un gratar pe carbune sau pe gaz, asezati frigaruile de pui si rosii si legumele pe gratar la foc mediu. Acoperiți și grătar, întorcând o dată, până când puiul nu mai este roz și legumele sunt ușor carbonizate și crocante. Lăsați să stea 10 până la 12 minute pentru pui, 8 până la 10 minute pentru legume și 4 minute pentru roșii.

4. Scoateți puiul din frigărui. Tăiați puiul și tăiați dovlecelul, vinetele și ardeiul în bucăți mici. Scoateți roșiile din frigărui (nu tocați). Aranjați puiul și legumele pe o farfurie. Pentru a servi, pune puiul și câteva legume pe o frunză de salată; stropiți cu sos de nuci de pin prăjite. Serviți cu felii de lămâie.

PIEPT DE PUI LA CUPTOR CU CIUPERCI, PIURE DE CONOPIDA USTUROI SI SPARANGHEL PRAJIT

DE LA INCEPUT LA SFARSIT:Randament în 50 de minute: 4 porții

4 jumătăți de piept de pui cu os de 10 până la 12 uncii, pe piele

3 căni de ciuperci albe mici

1 cană de praz sau ceapă galbenă feliată subțire

2 cani supa de oase de pui (vezi reteta).veniturile) sau bulion de pui nesarat

1 pahar de vin alb sec

1 buchet mare de cimbru proaspăt

piper negru

Oțet de vin alb (opțional)

1 cap de conopida, impartita in buchete

12 catei de usturoi, curatati de coaja

2 c. supa de ulei de masline

Ardei alb sau iute

1 kilogram de sparanghel, tăiat

2 lingurițe de ulei de măsline

1. Preîncălziți cuptorul la 400°F. Pune pieptul de pui într-o tavă dreptunghiulară de 3 litri; Adăugați deasupra ciupercile și prazul. Se toarnă bulion de oase de pui și vin peste pui și legume. Se presara cimbru peste tot si se presara cu piper negru. Acoperiți vasul cu folie de aluminiu.

2. Coaceți timp de 35 până la 40 de minute sau până când un termometru cu citire instantanee introdus în pui înregistrează 170°F. Scoateți și aruncați crenguțele de cimbru. Dacă doriți, aromatizați lichidul de fiert cu puțin oțet înainte de servire.

2. Între timp, într-o tigaie mare, fierbeți conopida și usturoiul în suficientă apă clocotită pentru a le acoperi. 10 minute sau până când se înmoaie. Scurgeți conopida și usturoiul, rezervând 2 linguri de lichid de gătit. Puneți conopida și lichidul de gătit rezervat într-un robot de bucătărie sau un castron mare. Se procesează până la omogenizare* sau se zdrobește cu un piure de cartofi; Se amestecă 2 linguri de ulei de măsline și se condimentează cu piper alb. Păstrați cald până la servire.

3. Asezam sparanghelul intr-un singur strat pe tava de copt. Stropiți cu 2 lingurițe de ulei de măsline și amestecați bine. Se presară cu piper negru. Coaceți la aproximativ 400°F. Coaceți timp de 8 minute sau până devine crocant, amestecând o dată.

4. Împărțiți piureul de conopidă în șase farfurii de servire. Adăugați deasupra puiul, ciupercile și prazul. Stropiți cu puțin din lichidul de gătit; Se serveste cu sparanghel prajit.

*Notă: Dacă utilizați un robot de bucătărie, aveți grijă să nu supraprocesați, altfel conopida va fi prea fină.

SUPĂ THAILANDEZĂ DE PUI

PREGATIRE: 30 minute Congelare: 20 minute Coacere: 50 minute Randament: 4 până la 6 porții

TAMARINDUL ESTE UN FRUCT MOSCAT ȘI ACRUESTE FOLOSIT ÎN BUCĂTĂRIA INDIANĂ, THAILANDEZĂ ȘI MEXICANĂ. MULTE PASTE DE TAMARIND PREPARATE COMERCIAL CONȚIN ZAHĂR; ASIGURAȚI-VĂ CĂ OBȚINEȚI UNUL CARE NU CONȚINE. FRUNZELE DE TEI KAFFIR POT FI GĂSITE PROASPETE, CONGELATE ȘI USCATE ÎN MAJORITATEA PIEȚELOR ASIATICE. DACĂ NU LE GĂSIȚI, ÎNLOCUIȚI FRUNZELE DIN ACEASTĂ REȚETĂ CU 1 ½ LINGURIȚĂ COAJĂ DE LĂMÂIE RASĂ FIN.

- 2 tulpini de lemongrass, tăiate
- 2 linguri ulei de cocos nerafinat
- ½ cană de arpagic feliat subțire
- 3 catei mari de usturoi, feliati subtiri
- 8 cani supa de oase de pui (vezi reteta).veniturile) sau bulion de pui nesarat
- ¼ cană pastă de tamarind neîndulcită (cum ar fi marca Tamicon)
- 2 linguri fulgi de nori
- 3 ardei thailandezi proaspeți, feliați subțiri cu semințele intacte (vezi rețeta).sfaturi)
- 3 frunze de lamaie kaffir
- 1 bucată de ghimbir de 3 inci, feliată subțire
- 4 jumătăți de piept de pui fără piele și dezosat de 6 uncii
- 1 cutie de 14,5 uncii roșii tăiate cubulețe prăjite la foc, fără sare, fără scurgere
- 6 uncii sparanghel fin, tăiat și tăiat subțire în diagonală în bucăți de ½ inch
- ½ cană frunze de busuioc thailandez (vezi rețeta)Observare)

1. Folosind spatele cuțitului, apăsați ferm tulpinile de lemongrass. Tăiați mărunt tulpinile zdrobite.

2. Încinge uleiul de cocos în cuptorul olandez la foc mediu. Adăugați lemongrass și ceapa; Gatiti 8-10 minute,

amestecand des. Adăugați usturoiul; Gătiți și amestecați timp de 2 până la 3 minute sau până când este parfumat.

3. Adăugați bulion de oase de pui, pasta de tamarind, fulgi de nori, piper, frunze de lămâie și ghimbir. A fierbe; reduce caldura. Închideți capacul și gătiți timp de 40 de minute.

4. Între timp, congelați puiul timp de 20-30 de minute sau până când se întărește. Tăiați puiul în felii subțiri.

5. Strecurați supa printr-o sită cu ochiuri fine într-o oală mare și apăsați cu dosul unei linguri mari pentru a extrage aromele. Aruncați solidele. Aduceți supa la fiert. Adăugați puiul, roșiile nescurcate, sparanghelul și busuiocul. Reduce caldura; gătiți, descoperit, 2 până la 3 minute sau până când puiul este gătit. Serviți imediat.

ANDIVE LEMON SAGE FRIED CHICKEN

PREGATIRE:15 minute Prăjire: 55 minute În picioare: 5 minute Randament: 4 porții

FELII DE LĂMÂIE ȘI FRUNZE DE SALVIE AȘEZAT SUB PIELEA DE PUI, BUCURAȚI-VĂ DE CARNE ÎN TIMP CE SE GĂTEȘTE ȘI CREAȚI UN DESIGN ATRACTIV SUB PIELEA CROCANTĂ ȘI OPACA ODATĂ CE IESE DIN CUPTOR.

- 4 jumătăți de piept de pui dezosat (cu piele)
- 1 lămâie, feliată foarte subțire
- 4 frunze mari de salvie
- 2 lingurițe de ulei de măsline
- 2 lingurițe de condiment mediteranean (vezi veniturile)
- ½ lingurita piper negru
- 2 c. ulei de măsline extra virgin
- 2 salote, feliate
- 2 catei de usturoi, tocati marunt
- 4 capete de andive, tăiate în jumătate pe lungime

1. Preîncălziți cuptorul la 400°F. Cu ajutorul unui cuțit, slăbiți foarte atent pielea de pe ambele jumătăți ale sânului, lăsând-o atașată pe o parte. Asezati 2 felii de lamaie si 1 frunza de salvie pe fiecare piept. Trageți ușor pielea în poziție și apăsați ușor pentru a fixa.

2. Pune puiul într-o tigaie mică. Ungeți puiul cu 2 lingurițe ulei de măsline; Stropiți cu condimente mediteraneene și ¼ de linguriță de piper. Coaceți, descoperit, timp de aproximativ 55 de minute sau până când pielea este maronie și crocantă și un termometru cu citire instantanee introdus în pui înregistrează 170°F. Lăsați puiul să se odihnească timp de 10 minute înainte de servire.

3. Între timp, încălziți 2 linguri de ulei de măsline într-o tigaie mare la foc mediu. Adăugați eșalotă; gătiți aproximativ 2 minute sau până când devine translucid. Presărați ¼ de linguriță de piper rămas peste andive. Adăugați usturoiul în tigaie. Puneți andivele în tigaie, tăiate în jos. Coaceți aproximativ 5 minute sau până devin aurii. Întoarceți cu grijă andivele; Gatiti inca 2-3 minute sau pana se inmoaie. Serviți cu pui.

PUI CU CEAPA, NASTUREL SI RIDICHI

PREGATIRE:Coaceți 20 minute: Coaceți 8 minute: 30 minute Randament: 4 porții

DEȘI POATE PĂREA CIUDAT SĂ GĂTEȘTI RIDICHIABIA SUNT GĂTITE AICI – DOAR CÂT SĂ ÎNMOAIE MUȘCĂTURA DE PIPER ȘI SĂ O ÎNMOAIE PUȚIN.

3 c. supa de ulei de masline

4 jumătăți de piept de pui cu os de 10 până la 12 uncii (cu piele)

1 lingura de lamaie si condiment (vezi reteta).veniturile

¾ cană de arpagic feliat

6 ridichi feliate subțiri

¼ lingurita piper negru

½ cană de vermut alb sec sau vin alb sec

⅓ cana crema de caju (vezi reteta)veniturile

1 buchet de nasturel, tulpinile tăiate, tocate grosier

1 lingură mărar proaspăt tocat

1. Preîncălziți cuptorul la 350°F. Încinge uleiul de măsline într-o tigaie mare la foc mediu-mare. Uscați puiul cu prosoape de hârtie. Prăjiți puiul, cu pielea în jos, timp de 4 până la 5 minute sau până când pielea devine aurie și crocantă. Întoarceți puiul; gătiți aproximativ 4 minute sau până devin aurii. Puneți pielea de pui în sus într-o tavă de copt puțin adâncă. Stropiți puiul cu lămâie și condimente cu ierburi. Gatiti aprox. Coaceți timp de 30 de minute sau până când un termometru cu citire instantanee înregistrează 170 ° F pe pui.

2. Între timp, se toarnă toate, cu excepția 1 lingură de picurare de tigaie; Pune tigaia din nou pe foc. Adăugați ceapa și ridichea; gătiți aproximativ 3 minute sau până când ceapa se înmoaie. Se presară cu piper. Adăugați vermut,

amestecând pentru a răzui bucățile rumenite. A fierbe; gatiti pana se micsoreaza si se ingroasa putin. Se amestecă crema de caju; a fierbe. Scoateți tigaia de pe foc; Adauga nasturel si marar, amesteca usor pana se ofileste. Adăugați orice suc de pui acumulat pe tava de copt.

3. Împărțiți amestecul de arpagic în patru farfurii de servire; Adăugați pui deasupra.

PUI TIKKA MASALA

PREGATIRE: 30 de minute Marinare: 4 până la 6 ore Fierbere: 15 minute Coacere: 8 minute Randament: 4 porții

ACESTA A FOST INSPIRAT DE UN FEL DE MÂNCARE INDIAN FOARTE POPULARESTE POSIBIL SĂ FI FOST CREAT NU ÎN INDIA, CI ÎNTR-UN RESTAURANT INDIAN DIN MAREA BRITANIE. TIKKA MASALA TRADIȚIONALĂ DE PUI NECESITĂ MARINAREA PUIULUI ÎN IAURT ȘI APOI GĂTITUL ÎNTR-UN SOS DE ROȘII PICANT, ORNAT CU SMÂNTÂNĂ. FĂRĂ PRODUSE LACTATE CARE AR ATENUA AROMA SOSULUI, ACEASTĂ VERSIUNE ARE UN GUST DEOSEBIT DE CURAT. SE SERVEȘTE PESTE TĂIȚEI CROCANȚI DE DOVLECEI ÎN LOC DE OREZ.

- 1 ½ kilograme pulpe de pui fără piele, dezosate sau jumătăți de piept de pui
- ¾ cană lapte de cocos natural (cum ar fi Nature's Way)
- 6 catei de usturoi, tocati marunt
- 1 lingura de ghimbir proaspat ras
- 1 lingurita coriandru macinat
- 1 lingurita de ardei rosu
- 1 lingura de chimen macinat
- ¼ de linguriță cardamom măcinat
- 4 linguri ulei de cocos rafinat
- 1 cana morcovi tocati
- 1 țelină, feliată subțire
- ½ cană ceapă tocată
- 2 ardei jalapeño sau serrano, fără semințe (opțional) și tocați mărunt (vezi rețeta).sfaturi)
- 1 cutie de 14,5 uncii roșii tăiate cubulețe prăjite la foc, fără sare, fără scurgere
- 1 cutie de 8 uncii sos de roșii fără sare adăugată
- 1 lingurita garam masala fara sare adaugata
- 3 dovlecei medii
- ½ lingurita piper negru

frunze proaspete de coriandru

1. Dacă folosiți pulpe de pui, tăiați fiecare pulpă în trei bucăți. Dacă folosiți jumătăți de piept de pui, tăiați fiecare jumătate în bucăți de 2 inci, înjumătățind părțile groase pe orizontală pentru a le face mai subțiri. Pune puiul într-o pungă de plastic mare, care se sigilează; pune deoparte. Pentru marinată, combinați ½ cană de lapte de cocos, usturoi, ghimbir, coriandru, ardei roșu, chimen și cardamom într-un castron mic. Se toarnă marinada peste puiul din pungă. Închideți punga și transformați-o în pui. Puneți punga într-un castron mediu; Marinați la frigider timp de 4 până la 6 ore, întorcând punga din când în când.

2. Preîncălziți grătarul. Încinge 2 linguri de ulei de cocos într-o tigaie mare la foc mediu. Adauga morcovi, telina si ceapa; Gatiti, amestecand ocazional, timp de 6 pana la 8 minute sau pana cand legumele sunt fragede. Adăugați jalapeno; Gatiti si amestecati inca 1 minut. Adăugați roșiile nescurcate și sosul de roșii. A fierbe; reduce caldura. Lasam sa fiarba, neacoperit, aproximativ 5 minute sau pana cand sosul se ingroasa putin.

3. Scurgeți puiul, aruncați marinada. Puneți bucățile de pui într-un singur strat pe grătarul neîncălzit al tigaii. Grătiți la 5 până la 6 inci de căldură, întorcându-l o dată la jumătatea gătitului, timp de 8 până la 10 minute sau până când puiul nu mai este roz. Adăugați bucățile de pui fierte și ¼ de cană de lapte de cocos rămase la amestecul de roșii din tigaie. Gatiti 1-2 minute sau pana se incalzeste. Se ia de pe foc; Se amestecă Garam Masala.

4. Tăiați capetele dovleceilor. Folosind o feliătoare Julienne, tăiați dovlecelul în fâșii lungi și subțiri. Încălziți restul de 2

linguri de ulei de cocos într-o oală mare la foc mediu-mare. Adăugați fâșii de dovlecel și piper negru. Gătiți și amestecați 2 până la 3 minute sau până când dovleceii sunt crocanti și fragezi.

5. Pentru a servi, împărțiți dovlecelul în patru farfurii de servire. Acoperiți cu amestec de pui. Se ornează cu frunze de coriandru.

PULPE DE PUI RAS EL HANOUT

PREGATIRE: 20 de minute de gătit: 40 de minute randament: 4 porții

RAS EL HANOUT ESTE UN COMPLEXŞI UN AMESTEC EXOTIC DE CONDIMENTE MAROCANE. ACEST TERMEN ÎNSEAMNĂ „ŞEF DE MAGAZIN" ÎN ARABĂ; ACEASTA ÎNSEAMNĂ CĂ ESTE UN AMESTEC UNIC AL CELOR MAI BUNE CONDIMENTE PE CARE LE ARE DE OFERIT VÂNZĂTORUL DE CONDIMENTE. RAS EL HANOUT NU ARE O REŢETĂ FIXĂ, DAR CONŢINE DE OBICEI UN AMESTEC DE GHIMBIR, ANASON, SCORŢIŞOARĂ, NUCŞOARĂ, PIPER, CUIŞOARE, CARDAMOM, FLORI USCATE (CUM AR FI LAVANDĂ ŞI TRANDAFIR), CHIMEN NEGRU, NUCŞOARĂ, GALANGA ŞI ŞOFRAN.

- 1 lingura chimen macinat
- 2 lingurițe de ghimbir măcinat
- 1½ linguriță piper negru
- 1½ linguriță de scorțișoară pudră
- 1 lingurita coriandru macinat
- 1 lingura de ardei iute
- 1 linguriță de ienibahar măcinat
- ½ linguriță cuișoare măcinate
- ¼ lingurita nuca de cocos macinata
- 1 lingurita fir de sofran (optional)
- 4 linguri ulei de cocos nerafinat
- 8 pulpe de pui dezosate
- 1 pachet de 8 uncii ciuperci proaspete, feliate
- 1 cană ceapă tocată
- 1 cana piper rosu, galben sau verde tocat (1 mare)
- 4 roșii rom, fără semințe, fără miez și tocate
- 4 catei de usturoi, tocati marunt
- 2 cutii de 13,5 uncii de lapte de cocos natural (cum ar fi Nature's Way)

3 până la 4 linguri de suc proaspăt de lămâie

¼ cana coriandru proaspat tocat marunt

1. Pentru ras el hanout, combinați chimen, ghimbir, piper negru, scorțișoară, coriandru, ardei cayenne, ienibahar, cuișoare, nucșoară și șofran, dacă doriți, într-un mojar mediu sau un castron mic. Se macină cu un pistil sau se amestecă cu o lingură pentru a se amesteca bine. Pus deoparte.

2. Încinge 2 linguri de ulei de cocos într-o tigaie mare la foc mediu. Stropiți pulpele de pui cu 1 lingură Ras el hanout. Pune puiul în tigaie; Coaceți timp de 5 până la 6 minute sau până când devin aurii, întorcându-le o dată la jumătatea gătitului. Scoateți puiul din tigaie; stați cald.

3. Încălziți restul de 2 linguri de ulei de cocos în aceeași tigaie la foc mediu. Se adauga ciupercile, ceapa, ardeiul, rosiile si usturoiul. Gatiti si amestecati aproximativ 5 minute sau pana cand legumele sunt fragede. Adăugați laptele de cocos, sucul de lămâie și 1 lingură ras el hanout. Întoarceți puiul în tigaie. A fierbe; reduce caldura. Coaceți, acoperit, timp de aproximativ 30 de minute sau până când puiul este fraged (175°F).

4. Serviți puiul, legumele și sosul în boluri. Se ornează cu coriandru.

Notă: Păstrați resturile de Ras el Hanout într-un recipient închis timp de până la 1 lună.

PULPE DE PUI CARAMBOLA ADOBO PE SPANAC PRĂJIT

PREGATIRE: 40 minute Marinare: 4 până la 8 ore Coacere: 45 minute Randament: 4 porții

USCAȚI PUIUL DACĂ ESTE NECESARCU UN PROSOP DE HÂRTIE DUPĂ CE AȚI LĂSAT MARINATA ÎNAINTE DE A SE PRĂJI ÎN TIGAIE. LICHIDUL RĂMAS PE CARNE VA STROPI ÎN ULEIUL FIERBINTE.

- 8 pulpe de pui dezosate (1 ½ până la 2 lire sterline), fără piele
- ¾ cană oțet alb sau de mere
- ¾ pahar de suc proaspăt de portocale
- ½ pahar de apă
- ¼ cană ceapă tocată
- ¼ cană coriandru proaspăt tocat
- 4 catei de usturoi, tocati marunt
- ½ lingurita piper negru
- 1 lingura ulei de masline
- 1 carambolă (carambolă), feliată
- 1 cana supa de oase de pui (vezi reteta).veniturile) sau bulion de pui nesarat
- 2 pachete de 9 uncii frunze proaspete de spanac
- Frunze proaspete de coriandru (optional)

1. Pune puiul în cuptor olandez din oțel inoxidabil sau emailat; pune deoparte. Într-un castron mediu, amestecați împreună oțetul, sucul de portocale, apa, ceapa, ¼ de cană de coriandru tocat, usturoiul și piperul; se toarnă peste pui. Acoperiți și marinați la frigider timp de 4 până la 8 ore.

2. Puneți amestecul de pui în cuptorul olandez să fiarbă la foc mediu-mare; reduce caldura. Acoperiți și gătiți timp de 35

până la 40 de minute sau până când puiul nu mai este roz (175 ° F).

3. Încinge uleiul într-o tigaie mare la foc mediu-mare. Scoateți puiul din cuptorul olandez cu cleşti, scuturând uşor pentru a se scurge lichidul de gătit; rezerva lichidul de gatit. Se prăjeşte, întorcându-l frecvent, până când se rumeneşte uniform pe toate părţile.

4. Între timp, strecuraţi lichidul de gătit pentru sos; Reveniţi la cuptorul olandez. A fierbe. Gatiti aproximativ 4 minute pentru a reduce si a se ingrosa putin; adăugaţi carambolă; Gatiti inca 1 minut. Întoarceți puiul în sosul din cuptorul olandez. Se ia de pe foc; acoperiți pentru a se menține cald.

5. Curăţaţi tigaia. Turnaţi bulion de oase de pui în tigaie. Se aduce la fierbere la foc mediu-mare; Se amestecă spanacul. Reduce caldura; Gatiti, amestecand frecvent, 1-2 minute sau pana cand spanacul este ofilit. Transferaţi spanacul pe o farfurie de servire cu o lingură cu fantă. Adăugaţi pui şi sos deasupra. Presăraţi frunze de coriandru dacă doriţi.

TACOS ÎN SALATĂ DE PUI POBLANO CU CHIPOTLE MAYO

PREGATIRE:Gatiti 25 de minute: 40 de minute: 4 portii

SERVEȘTE ACESTE TACOS MURDARE, DAR DELICIOASEÎN TIMP CE MÂNCAȚI FRUNZELE DE VARZĂ, PRINDEȚI UMPLUTURA CARE CADE CU O FURCULIȚĂ.

1 lingura ulei de masline

2 ardei poblano, fără semințe (opțional) și tocați (vezi rețeta).sfaturi)

½ cană ceapă tocată

3 catei de usturoi, tocati marunt

1 lingura praf de chili nesarat

2 lingurite chimen macinat

½ lingurita piper negru

1 cutie de 8 uncii sos de roșii fără sare adăugată

¾ cană bulion de oase de pui (vezi rețetă).veniturile) sau bulion de pui nesarat

1 lingurita oregano mexican uscat, zdrobit

1 până la 1 ½ kilograme pulpe de pui fără piele și dezosate

10 până la 12 frunze de varză medie până la mari

Chipotle Paleo Mayo (veziveniturile)

1. Preîncălziți cuptorul la 350°F. Încinge uleiul într-o tigaie mare, rezistentă la cuptor, la foc mediu-mare. Adăugați ardei poblano, ceapa și usturoiul; Gatiti si amestecati 2 minute. Se amestecă boia de ardei, chimen și piper negru; Gatiti si amestecati inca 1 minut (reduceti focul daca este necesar pentru a preveni arderea condimentelor).

2. Adăugați în tigaie sosul de roșii, bulionul de oase de pui și cimbru. A fierbe. Puneți cu grijă pulpele de pui în amestecul de roșii. Acoperiți tigaia cu un capac. Gatiti

aprox. Coaceți timp de 40 de minute sau până când puiul este fraged (175°F), întorcându-l pe jumătate.

3. Scoateți puiul din tigaie; răcoriți-vă puțin. Folosiți două furculițe pentru a rupe puiul în bucăți mici. Se amestecă puiul mărunțit în amestecul de roșii din tigaie.

4. Pentru a servi, așezați amestecul de pui pe frunze de kale; Acoperiți cu Chipotle Paleo Mayo.

TOCANĂ DE PUI CU MORCOVI ȘI BOK CHOY

PREGATIRE:15 minute gătire: 24 minute odihnă: 2 minute randament: 4 porții

BABY BOK CHOY ESTE FOARTE FRAGEDȘI POATE FI GĂTIT PREA MULT ÎN SCURT TIMP. PENTRU A-L PĂSTRA CROCANT ȘI PROASPĂT (NU OFILIT ȘI UMED), ASIGURAȚI-VĂ CĂ AȚI GĂTIT CASEROLA ÎNTR-O TIGAIE FIERBINTE ACOPERITĂ (PE FOC) TIMP DE CEL MULT 2 MINUTE ÎNAINTE DE SERVIRE.

- 2 c. supa de ulei de masline
- 1 praz feliat (partea alba si verde deschis)
- 4 cani supa de oase de pui (vezi reteta)veniturile) sau bulion de pui nesarat
- 1 pahar de vin alb sec
- 1 lingura mustar de Dijon (vezi reteta)veniturile)
- ½ lingurita piper negru
- 1 crenguță de cimbru proaspăt
- 1 ¼ de kilograme de pulpe de pui fără piele și dezosate, tăiate în bucăți de 1 inch
- 8 uncii de morcovi pentru copii, blaturile curățate, tăiate și tăiate la jumătate pe lungime sau 2 morcovi medii tăiați transversal
- 2 lingurite coaja de lamaie rasa fin (da deoparte)
- 1 lingura de suc proaspat de lamaie
- 2 capete baby bok choy
- ½ linguriță de cimbru proaspăt tocat

1. Încinge 1 lingură de ulei de măsline într-o tigaie mare la foc mediu. Gatiti prazul in ulei incins timp de 3 pana la 4 minute sau pana se ofileste. Adăugați bulion de oase de pui, vin, muştar de Dijon, ¼ linguriță de piper şi crenguță de cimbru. A fierbe; reduce caldura. Gătiți timp de 10 până la 12 minute sau până când lichidul se reduce cu aproximativ o treime. Aruncați crenguța de cimbru.

2. Între timp, încălziți 1 lingură rămasă de ulei de măsline în cuptorul olandez la foc mediu-mare. Presărați ¼ de linguriță de piper rămas peste pui. Se prajesc in ulei incins, amestecand din cand in cand, timp de aproximativ 3 minute sau pana devin aurii. Scurgeți uleiul dacă este necesar. Adăugați cu grijă amestecul de bulion redus în tigaie, răzuind orice bucăți maro; Adăugați morcovi. A fierbe; reduce caldura. Gatiti, neacoperit, timp de 8 pana la 10 minute sau pana cand morcovii sunt fragezi. Se amestecă sucul de lămâie. Tăiați bok choy în jumătate pe lungime. (Dacă capetele de ciocolată sunt mari, tăiați-le în sferturi.) Puneți bok choy deasupra puiului în tigaie. Acoperiți și luați de pe foc; Lasă-l să stea timp de 2 minute.

3. Toarna tocanita in boluri putin adanci. Se presara cu coaja de lamaie si cimbru tocat.

PUI SOTAT CU PORTOCALE-CAJU ȘI ARDEI ROȘU ÎN VINEGRETĂ

DE LA INCEPUT LA SFARSIT:Randament 45 de minute: 4 până la 6 porții

VEȚI GĂSI DOUĂ TIPURIULEI DE COCOS PE RAFTURI – RAFINAT ȘI EXTRA VIRGIN SAU NERAFINAT. DUPĂ CUM SUGEREAZĂ ȘI NUMELE, ULEIUL DE COCOS EXTRAVIRGIN ESTE OBȚINUT DIN PRESAREA INIȚIALĂ A NUCILOR DE COCOS PROASPETE, CRUDE. ESTE ÎNTOTDEAUNA CEA MAI BUNĂ ALEGERE ATUNCI CÂND GĂTIȚI LA FOC MEDIU SAU MEDIU-MARE. ULEIUL DE NUCĂ DE COCOS RAFINAT ARE UN PUNCT DE FUM MAI MARE, AȘA CĂ FOLOSIȚI-L NUMAI CÂND GĂTIȚI LA FOC MARE.

- 1 lingura ulei de cocos rafinat
- 1 ½ până la 2 kg pulpe de pui fără piele și dezosate, tăiate în fâșii subțiri
- 3 ardei gras roșii, portocalii și/sau galbeni, fără tulpină, fără semințe și tăiați în fâșii subțiri
- 1 ceapă roșie, tăiată în jumătate pe lungime și feliată subțire
- 1 lingurita coaja de portocala rasa (da deoparte)
- ½ cană suc proaspăt de portocale
- 1 lingura de ghimbir proaspat tocat marunt
- 3 catei de usturoi, tocati marunt
- 1 cană caju crude nesărate, prăjite și tocate grosier (vezi rețeta).sfaturi
- ½ cană de arpagic feliat (4)
- 8 până la 10 frunze de salată verde cu unt sau iceberg

1. Încinge uleiul de cocos într-un wok sau o tigaie mare la foc mare. Adăugați pui; Gatiti si amestecati 2 minute. Adauga ardei rosu si ceapa; Gatiti si amestecati 2-3 minute sau pana cand legumele incep sa se inmoaie. Scoateți puiul și legumele din wok; stați cald.

2. Uscați tava cu prosoape de hârtie. Adăugați sucul de portocale în wok. Gatiti aproximativ 3 minute sau pana cand sucurile dau in clocot si reduceti putin. Adăugați ghimbir și usturoi. Gatiti si amestecati 1 minut. Puneți amestecul de pui și ardei în wok. Se amestecă coaja de portocală, caju și ceapa. Servește pastele pe frunze de salată.

PUI VIETNAMEZ CU LĂMÂIE CU NUCĂ DE COCOS

DE LA INCEPUT LA SFARSIT:Se obtine in 30 de minute: 4 portii

ACEST CURRY RAPID CU NUCĂ DE COCOSPOATE FI PE MASĂ ÎN DECURS DE 30 DE MINUTE DE LA MOMENTUL ÎN CARE ÎNCEPEȚI SĂ TĂIAȚI, FĂCÂNDU-L MASA IDEALĂ PENTRU O NOAPTE AGLOMERATĂ.

- 1 lingura ulei de cocos nerafinat
- 4 tulpini de lemongrass (numai părți ușoare)
- 1 pachet de 3,2 uncii ciuperci stridii tocate
- 1 ceapă mare, tăiată subțire, tăiată la jumătate
- 1 jalapeno proaspăt, fără semințe și tocat mărunt (vezi rețeta).sfaturi)
- 2 linguri de ghimbir proaspăt tocat mărunt
- 3 catei de usturoi, tocati
- 1 ½ kilograme pulpe de pui fără piele și dezosate, tăiate subțiri și tăiate în bucăți mici
- ½ cană lapte de cocos natural (ca Nature's Way)
- ½ cană bulion de oase de pui (vezi rețetă).veniturile) sau bulion de pui nesarat
- 1 lingură pudră de curry roșu nesărat
- ½ lingurita piper negru
- ½ cană frunze de busuioc proaspăt tocate
- 2 linguri de suc proaspăt de lămâie
- nucă de cocos mărunțită neîndulcită (opțional)

1. Încinge uleiul de cocos într-o tigaie mare la foc mediu. Adăugați lemongrass; Gatiti si amestecati 1 minut. Adăugați ciupercile, ceapa, jalapeno, ghimbirul și usturoiul; Gatiti si amestecati 2 minute sau pana ce ceapa se inmoaie. Adăugați pui; gătiți aproximativ 3 minute sau până când puiul este gătit.

2. Amestecați laptele de cocos, bulionul de oase de pui, pudra de curry și piper negru într-un castron mic. Adăugați amestecul de pui în tigaie; Gatiti 1 minut sau pana cand lichidul se ingroasa usor. Se ia de pe foc; Se amestecă busuioc proaspăt și sucul de lămâie. Dacă doriți, puteți presăra nucă de cocos pe porții.

SALATĂ DE PUI LA GRĂTAR ȘI ESCAROLE CU MERE

PREGATIRE:Gratar de 30 de minute: Rezultat in 12 minute: 4 portii

DACĂ ÎȚI PLACE UN MĂR MAI DULCE,MERGI CU HONEYCRISP. DACĂ ÎȚI PLAC MERELE ACRE, FOLOSEȘTE GRANNY SMITH SAU ÎNCEARCĂ UN AMESTEC DIN CELE DOUĂ SOIURI PENTRU ECHILIBRU.

3 mere mijlocii Honeycrisp sau Granny Smith

4 lingurite de ulei de masline extravirgin

½ cană eșalotă tocată mărunt

2 linguri patrunjel proaspat tocat

1 lingura condiment de pasare

3 până la 4 capete andive, tăiate în sferturi

1 kg piept de pui sau curcan măcinat

⅓ cana alune prajite tocate*

⅓ cana vinaigreta frantuzeasca clasica (vezi reteta).veniturile)

1. Tăiați merele în jumătate și îndepărtați miezul. Curățați și tăiați mărunt 1 măr. Se încălzește 1 linguriță de ulei de măsline într-o tigaie medie la foc mediu. Adăugați măr și eșalotă tocate; gatiti pana se inmoaie. Se amestecă pătrunjelul și condimentele de pasăre. Lasă-l să se răcească.

2. Între timp, curățați cele 2 mere rămase și tăiați-le felii. Ungeți părțile tăiate de măr și felii de andive cu ulei de măsline rămas. Combinați puiul și amestecul de mere răcit într-un castron mare. Împărțiți în opt bucăți; Modelați fiecare bucată într-o chiflă cu diametrul de 2 inci.

3. Pentru un gratar pe carbune sau pe gaz, asezati burgeri de pui si bucatele de mere direct pe gratar la foc mediu. Acoperiți și grătarul timp de 10 minute, întorcându-le o dată la jumătate. Adăugați andivele și tăiați părțile laterale. Acoperiți și grătarul timp de 2 până la 4 minute sau până când andivele sunt ușor carbonizate, merele sunt fragede și chiftelele de pui sunt gătite (165°F).

4. Tocați andivele grosier. Împărțiți scarola în patru farfurii de servire. Acoperiți cu prăjituri de pui, felii de mere și nuci. Stropiți cu dressing franțuzesc clasic.

*Sfat: Pentru a prăji alunele, preîncălziți cuptorul la 350°F. Întindeți nucile într-un singur strat într-o tigaie mică. Coaceți 8 până la 10 minute sau până se rumenesc ușor, amestecând o dată, până se rumenesc uniform. Lasam alunele sa se raceasca putin. Puneți alunele fierbinți pe un prosop curat de bucătărie; Frecati cu un prosop pentru a indeparta pielea lasa.

SUPA TOSCANA DE PUI CU PANGLICI DE KALE

PREGATIRE:Coaceți 15 minute: 20 minute: 4 până la 6 porții

O LINGURĂ DE PESTO– ALEGEREA DVS. DE BUSUIOC SAU RUCOLA – ADAUGĂ O AROMĂ DEOSEBITĂ ACESTEI DELICIOASE SUPE ASEZONATE CU CONDIMENTE DE PASĂRE NESĂRATE. PENTRU A PĂSTRA FÂȘIILE DE KALE VERDE APRINS ȘI CÂT MAI PLINE DE NUTRIENȚI POSIBIL, GĂTIȚI-LE PÂNĂ SE OFILESC.

- 1 kilogram de pui măcinat
- 2 linguri condiment pentru pasare fara sare
- 1 lingurita coaja de lamaie rasa fin
- 1 lingura ulei de masline
- 1 cană ceapă tocată
- ½ cana morcovi tocati
- 1 cana telina tocata
- 4 catei de usturoi, taiati felii
- 4 cani supa de oase de pui (vezi reteta)veniturile) sau bulion de pui nesarat
- 1 cutie de 14,5 uncii roșii prăjite la foc fără sare, nescurcate
- 1 buchet Lacinato kale (toscană), tulpinile îndepărtate, tăiate fâșii
- 2 linguri de suc proaspăt de lămâie
- 1 lingurita de cimbru proaspat tocat
- Busuioc sau pesto de rucola (vezi ei vin)

1. Combinați puiul măcinat, condimentele de pasăre și coaja de lămâie într-un castron mediu. Amesteca bine.

2. Încinge uleiul de măsline în cuptorul olandez la foc mediu. Adăugați amestecul de pui, ceapă, morcov și țelină; Gatiti 5-8 minute sau pana cand puiul nu mai este roz, amestecand cu o lingura de lemn pentru a rupe carnea si adaugand feliile de usturoi in ultimul minut de gatire.

Adauga supa de oase de pui si rosiile. A fierbe; reduce caldura. Închideți capacul și gătiți timp de 15 minute. Se amestecă varza kale, sucul de lămâie și cimbru. Gatiti, neacoperit, aproximativ 5 minute sau pana cand varza este aproape ofilita.

3. Pentru a servi, puneți supa în boluri și acoperiți cu pesto de busuioc sau rucola.

LARB DE PUI

PREGATIRE:15 minute de gătit: 8 minute de răcire: 20 de minute Randament: 4 porții

ACEASTĂ VERSIUNE A POPULARULUI PREPARAT THAILANDEZPUIUL MACINAT CONDIMENTAT SI LEGUMELE SERVITE PE FRUNZE DE SALATA SUNT INCREDIBIL DE USOARE SI AROMATE; NU CONȚINE ZAHĂR ADĂUGAT, SARE ȘI SOS DE PEȘTE (CARE ESTE FOARTE BOGAT ÎN SODIU), CARE FAC PARTE ÎN MOD TRADIȚIONAL DIN LISTA DE INGREDIENTE. CU USTUROI, CHILI THAILANDEZ, IARBĂ DE LĂMÂIE, COAJĂ DE LĂMÂIE, SUC DE LĂMÂIE, MENTĂ ȘI CORIANDRU, NU VEI DORI SĂ RATEZI ASTA.

- 1 lingura ulei de cocos rafinat
- 2 kilograme de pui măcinat (95% piept slab sau măcinat)
- 8 grame ciuperci tocate mărunt
- 1 cana ceapa rosie tocata marunt
- 1 până la 2 ardei iute thailandezi, fără semințe și tocați mărunt (vezi rețeta).sfaturi)
- 2 linguri de usturoi tocat mărunt
- 2 linguri balsam de lamaie tocat*
- ¼ linguriță cuișoare măcinate
- ¼ lingurita piper negru
- 1 lingura coaja de lamaie rasa fin
- ½ cană suc proaspăt de lămâie
- ⅓ ceasca de frunze de menta proaspata bine impachetate, tocate
- ⅓ cană de coriandru proaspăt bine împachetat, tocat
- 1 cap de salată iceberg, ruptă în frunze

1. Încinge uleiul de cocos într-o tigaie mare la foc mediu-mare. Adăugați pui măcinat, ciuperci, ceapă, ardei, usturoi, lemongrass, cuișoare și piper negru. Gătiți timp de 8 până la 10 minute sau până când puiul este gătit, amestecând cu o lingură de lemn pentru a rupe carnea în timp ce se

gătește. Scurgeți dacă este necesar. Transferați amestecul de pui într-un castron foarte mare. Aproximativ. lasă-l să se răcească. Gatiti, amestecand ocazional, timp de 20 de minute sau pana cand este putin mai cald decat temperatura camerei.

2. Amestecați coaja de lămâie, sucul de lămâie, menta și coriandru în amestecul de pui. Se serveste cu frunze de salata.

*Sfat: aveți nevoie de un cuțit foarte ascuțit pentru a pregăti lemongrass. Tăiați tulpina lemnoasă de la baza rădăcinii și frunzele verzi dure din vârful plantei. Îndepărtați cele două straturi exterioare dure. Ar trebui să aveți o bucată de lemongrass care are aproximativ 6 inci lungime și galben pal. Împărțiți tulpina în jumătate pe orizontală, apoi tăiați din nou fiecare jumătate în jumătate. Tăiați fiecare sfert de tulpină foarte subțire.

BURGER DE PUI CU SOS DE CAJU SZECHWAN

PREGATIRE:30 de minute de gătit: 5 minute de grătar: 14 minute: 4 porții

ULEI DE CHILI ÎNCĂLZITULEIUL DE MĂSLINE CU ARDEI ROȘU MĂCINAT POATE FI FOLOSIT ȘI ÎN ALTE MODURI. FOLOSIȚI-L PENTRU A CĂLCA LEGUME PROASPETE SAU LE AMESTECAȚI CU PUȚIN ULEI DE CHILI ÎNAINTE DE A LE PRĂJI.

2 c. supa de ulei de masline
¼ lingurita de ardei rosu macinat
2 cani de caju crude, prajite (vezi reteta)sfaturi)
¼ cană ulei de măsline
½ cană dovlecel ras
¼ cană de arpagic tocat mărunt
2 catei de usturoi, tocati marunt
2 lingurite coaja de lamaie rasa fin
2 linguriţe de ghimbir proaspăt ras
1 kg piept de pui sau curcan măcinat

SOS DE CAJU SZECHWAN

1 lingura ulei de masline
2 linguri ceapa tocata marunt
1 lingura de ghimbir proaspat ras
1 linguriţă praf de cinci condimente chinezeşti
1 lingurita de suc proaspat de lamaie
4 frunze de salata verde sau unt

1. Pentru uleiul de chili, combinaţi uleiul de măsline şi ardeiul roşu zdrobit într-o cratiţă mică. Se încălzeşte la foc mic timp de 5 minute. Se ia de pe foc; Lasă-l să se răcească.

2. Pentru pasta de caju, puneţi nucile de caju şi 1 lingură de ulei de măsline în blender. Se acoperă şi se amestecă până

devine cremoasă, oprindu-se să răzuiască părțile laterale la nevoie și adăugând mai mult ulei de măsline, câte 1 lingură, până când ai folosit exact ¼ de cană și untul este foarte moale; pune deoparte.

3. Combinați dovleceii, ceapa verde, usturoiul, coaja de lămâie și 2 lingurițe de ghimbir într-un castron mare. Adăugați pui măcinat; Amesteca bine. Formați amestecul de pui în patru chifle groase de ½ inch.

4. Pentru un gratar pe carbune sau pe gaz, asezati burgeri direct pe un gratar uns la foc mediu. Acoperiți și grătarul 14 până la 16 minute sau până când sunt gătite (165°F), întorcându-se o dată la jumătatea gătitului.

5. Intre timp, pentru sos, incinge uleiul de masline intr-o tigaie mica la foc mediu. Se adauga ceapa verde si 1 lingura de ghimbir; gătiți la foc mediu-mic timp de 2 minute sau până când ceapa se înmoaie. Adăugați ½ cană de unt de caju (dați la frigider untul de caju rămas până la 1 săptămână), ulei de chili, suc de lămâie și pudră de cinci condimente. Gatiti inca 2 minute. Se ia de pe foc.

6. Serviți chiftelele pe frunze de salată. Stropiți cu sos.

PACHET DE PUI TURCESC

PREGATIRE: 25 minute în picioare: 15 minute fierbere: 8 minute randament: 4 până la 6 porții

„BAHARAT" ÎNSEAMNĂ „CONDIMENT" ÎN ARABĂ. ESTE UN CONDIMENT VERSATIL ÎN BUCĂTĂRIA DIN ORIENTUL MIJLOCIU. SE FOLOSEȘTE ÎN GENERAL CA CONDIMENT PENTRU PEȘTE, CARNE DE PASĂRE ȘI CARNE SAU CA LEGUME MURATE AMESTECATE CU ULEI DE MĂSLINE. COMBINAȚIA DE CONDIMENTE CALDE ȘI DULCI, CUM AR FI SCORȚIȘOARĂ, CHIMEN, CORIANDRU, CUIȘOARE ȘI BOIA DE ARDEI, O FAC DEOSEBIT DE AROMATĂ. ADĂUGAREA DE MENTĂ USCATĂ ESTE O ÎNTORSĂTURĂ TURCEASCĂ.

⅓ ceasca de caise uscate nesulfurate tocate

⅓ cană smochine uscate feliate

1 lingura ulei de cocos nerafinat

1 kilogram și jumătate de piept de pui măcinat

3 căni de praz feliat (numai părți albe și verde deschis) (3)

⅔ ardei gras verde și/sau roșu mediu, feliat subțire

2 linguri Condimente condimente (vezi veniturile, sub)

2 catei de usturoi, tocati marunt

1 cana rosii tocate fara samburi (2 de marime medie)

1 cană de castraveți tăiați fără semințe (½ dimensiune medie)

½ ceasca de fistic tocat, nesarat, prajit (vezi reteta). sfaturi)

¼ ceasca de menta proaspata tocata

¼ cană pătrunjel proaspăt tocat

8 până la 12 frunze mari crocante sau salată verde Bibb

1. Puneți caisele și smochinele într-un castron mic. Adăugați ⅔ cană apă clocotită; Lasă-l să stea timp de 15 minute. Scurgeți, rezervând ½ cană de lichid.

2. Între timp, încălziți uleiul de cocos într-o tigaie mare la foc mediu. Adăugați pui măcinat; Gatiti 3 minute, amestecand cu o lingura de lemn pentru a rupe carnea in timp ce se gateste. Adăugați praz, ardei, condimente și usturoi; gătiți și amestecați aproximativ 3 minute sau până când puiul este gătit și ardeiul este fraged. Adăugați caise, smochine, lichid rezervat, roșii și castraveți. Gatiti si amestecati aproximativ 2 minute sau pana cand rosiile si castravetele incep sa se descompuna. Se adauga fistic, menta si patrunjel.

3. Serviți pui și legume pe frunze de salată.

Condimente Condimente: Combinați 2 linguri de boia dulce într-un castron mic; 1 lingura de piper negru; 2 lingurite de menta uscata, maruntita fin; 2 lingurițe chimen măcinat; 2 lingurite coriandru macinat; 2 lingurițe de scorțișoară pudră; 2 lingurițe de cuișoare măcinate; 1 lingurita nuca de cocos macinata; și 1 linguriță de cardamom măcinat. A se pastra la temperatura camerei intr-un recipient bine inchis. Face aproximativ ½ cană.

PUI SPANIOLI CORNISH

PREGATIRE:Coaceți 10 minute: Coaceți 30 minute: 6 minute Randament: 2 până la 3 porții

ACEASTĂ REȚETĂ NU AR PUTEA FI MAI UȘOARĂ- ȘI REZULTATELE SUNT ABSOLUT UIMITOARE. O MULȚIME DE BOIA DE ARDEI AFUMATĂ, USTUROI ȘI LĂMÂIE DAU ACESTOR PĂSĂRELE O AROMĂ GROZAVĂ.

2 găini din Cornish, dezghețate dacă sunt congelate

1 lingura ulei de masline

6 catei de usturoi, tocati

2 până la 3 linguri boia dulce afumată

¼ până la ½ linguriță de piper cayenne (opțional)

2 lămâi, tăiate în sferturi

2 linguri patrunjel proaspat tocat (optional)

1. Preîncălziți cuptorul la 375°F. Pentru a tăia puii vânați în sferturi, folosiți foarfece de bucătărie sau un cuțit ascuțit pentru a tăia ambele părți ale coloanei vertebrale înguste. Butterfly deschide pasărea și taie puiul în jumătate la stern. Îndepărtați sferturile posterioare tăind pielea și carnea, separând coapsele de sân. Păstrați aripa și sânul intacte. Ungeți uleiul de măsline peste bucățile de pui din Cornish. Se presară usturoi tocat.

2. Puneți bucățile de pui, cu pielea în sus, într-o tigaie mare. Se presară boia afumată și piper cayenne. Stoarceți felii de lămâie peste pui; Adăugați sferturi de lămâie în tigaie. Întoarceți bucățile de pui în tigaie, cu pielea în jos. Închideți capacul și gătiți timp de 30 de minute. Scoateți tava din cuptor.

3. Preîncălziți grătarul. Folosiți clești și întoarceți piesele cu susul în jos. Reglați grătarul cuptorului. Se prăjește la 4 până la 5 inci de la căldură până când pielea devine maro aurie și puiul este gătit (175 ° F), 6 până la 8 minute. Stropiți cu sucuri de tigaie. Se presara patrunjel daca se doreste.

GĂINI CORNISH PRĂJITE CU ARAHIDE CU SALATĂ DE RUCOLA, CAISE ȘI FENICUL

PREGATIRE:30 de minute răcire: 2 până la 12 ore gătire: 50 minute în picioare: 10 minute producție: 8 porții

PREPARAREA PESTO DE FISTICUN AMESTEC DE PATRUNJEL, CIMBRU, USTUROI, COAJA DE PORTOCALA, SUC DE PORTOCALE SI ULEI DE MASLINE SE PUNE SUB PIELEA FIECAREI PASARI INAINTE DE MARINARE.

- 4 găini din Cornish de 20 până la 24 uncii
- 3 cani de arahide crude
- 2 linguri patrunjel italian proaspat tocat (frunza plata)
- 1 c. supa de cimbru tocat
- 1 catel mare de usturoi, tocat marunt
- 2 lingurite coaja de portocala rasa fin
- 2 linguri de suc proaspăt de portocale
- ¾ cană ulei de măsline
- 2 cepe mari, feliate subțiri
- ½ cană suc proaspăt de portocale
- 2 linguri de suc proaspăt de lămâie
- ¼ de lingurita piper negru proaspat macinat
- ¼ linguriță de muștar uscat
- 2 pachete de 5 uncii rucola
- 1 bulb mare de fenicul, tocat mărunt
- 2 linguri de frunze de fenicul tocate
- 4 caise, fără sâmburi și tăiate în felii subțiri

1. Spălați cavitatea interioară a găinilor de vânat din Cornish. Legați picioarele împreună cu frânghie din bumbac 100%. Îndoiți aripile sub corp; pune deoparte.

2. Combinați fisticul, pătrunjelul, cimbru, usturoiul, coaja de portocale și sucul de portocale într-un robot de bucătărie sau blender. Procesați pană se formează o pastă groasă. Cu procesorul în funcțiune, adăugați ¼ de cană de ulei de măsline într-un flux lent și constant.

3. Folosește-ți degetele pentru a slăbi pielea de pe partea laterală a pieptului de pui pentru a crea o pungă. Întindeți un sfert din amestecul de fistic uniform sub piele. Repetați cu restul amestecului de pui și arahide. Răspândiți ceapa feliată în fundul tigaii; Pune pieptul de pui cu partea în sus pe ceapă. Acoperiți și lăsați la frigider pentru 2 până la 12 ore.

4. Preîncălziți cuptorul la 425°F. Prăjiți puiul timp de 30 pană la 35 de minute sau până când un termometru cu citire instantanee introdus în mușchiul interior al coapsei înregistrează 175 ° F.

5. Între timp, pentru condiment, combinați sucul de portocale, sucul de lămâie, ardeiul și muștarul într-un castron mic. Amesteca bine. Adăugați ½ cană rămasă de ulei de măsline într-un flux lent și constant, amestecând constant.

6. Pentru salată, combinați rucola, feniculul, frunzele de fenicul și caisele într-un castron mare. Stropiți ușor cu sos; face o ofertă bună. Rezervați sosul suplimentar pentru un alt scop.

7. Scoateți puiul din cuptor; cortul lejer cu folie de aluminiu și lăsați să stea 10 minute. Pentru a servi, împărțiți salata în mod egal în opt farfurii de servire. Tăiați puiul în jumătate

pe lungime; Pune jumătățile de pui în salate. Serviți imediat.

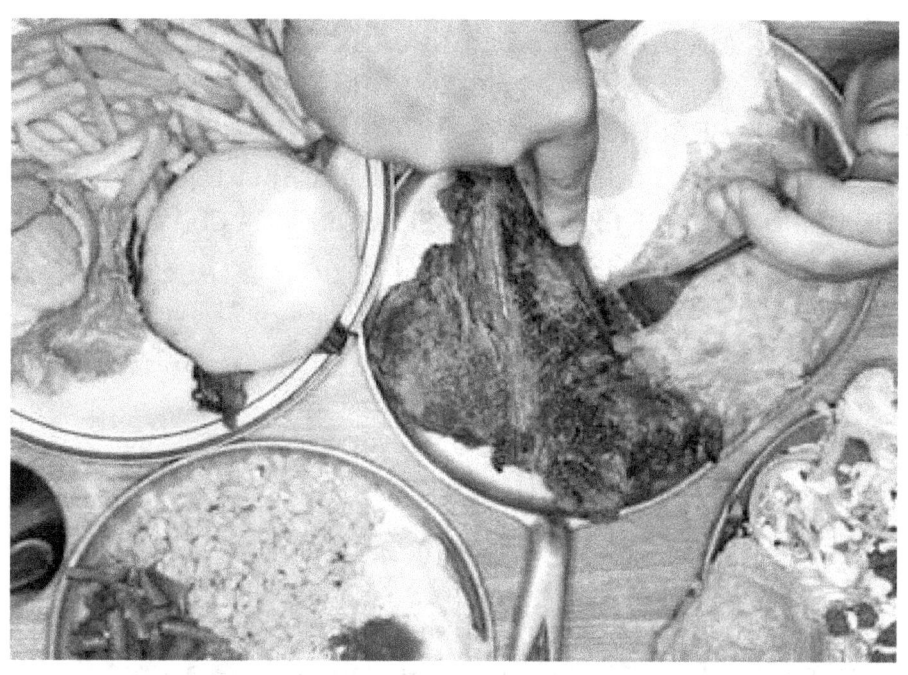

PIEPT DE RATA CU RODIE SI SALATA JICAMA

PREGATIRE:15 minute de gătit: 15 minute: 4 porții

PENTRU A TĂIA UN MODEL DE DIAMANTGRĂSIMEA DIN PIEPTUL DE RAȚĂ, AROMATĂ CU GARAM MASALA, PERMITE GRĂSIMII SĂ SE SCURGĂ PE MĂSURĂ CE SÂNII SE GĂTESC. PICĂTURILE SUNT COMBINATE CU JICAMA, SEMINȚE DE RODIE, SUC DE PORTOCALE ȘI BULION ȘI SE AMESTECĂ CU VERDEAȚĂ PIPERATĂ CA SĂ SE OFILEASCĂ PUȚIN.

- 4 piept de rață Moscovy dezosați (aproximativ 1 ½ până la 2 kilograme în total)
- 1 lingura garam masala
- 1 lingura ulei de cocos nerafinat
- 2 cesti de jicama decojita tocata
- ½ cană semințe de rodie
- ¼ pahar de suc proaspăt de portocale
- ¼ cană bulion de oase de vită (vezi rețetă).veniturile) sau bulion nesărat
- 3 cesti de nasturel, tulpinile indepartate
- 3 căni de frisee rasă și/sau andive belgiene feliate subțiri

1. Folosind un cuțit ascuțit, faceți tăieturi superficiale cu model de diamant în grăsimea pieptului de rață, la o distanță de 1 inch. Presărați garam masala pe ambele părți ale jumătăților de sân. Încinge o tigaie foarte mare la foc mediu. Topiți uleiul de cocos într-o tigaie încinsă. Puneți jumătățile de piept în tigaie, cu pielea în jos. Gatiti, cu pielea in jos, timp de 8 minute (reduceti focul daca este necesar), avand grija sa nu se rumeneasca prea repede. Întoarceți pieptul de rață; Coaceți încă 5 până la 6 minute sau până când un termometru introdus în jumătățile de piept înregistrează 145 ° F pentru centru. Scoateți

jumătățile de piept, rezervând picăturile în tigaie; Acoperiți cu folie de aluminiu pentru a se menține cald.

2. Pentru sos, adăugați jicama în picurarea din tigaie; Gatiti si amestecati la foc mediu timp de 2 minute. Adăugați în tigaie semințele de rodie, sucul de portocale și bulionul. A fierbe; Scoateți imediat de pe aragaz.

3. Pentru salată, combinați cresonul și frisée într-un castron mare. Se toarnă sos iute peste legume; aruncă-l în jachetă.

4. Împărțiți salata în patru farfurii. Tăiați pieptul de rață în felii subțiri și puneți-le deasupra salatei.

FRIPTURA DE CURCAN CU PIURE DE RADACINA DE USTUROI

PREGATIRE: 1 oră Gatit: 2 ore 45 minute În picioare: 15 minute Face: 12 până la 14 porții

CAUTĂ UN CURCAN CUSOLUȚIA SALINĂ NU A FOST INJECTATĂ. DACĂ ETICHETA SCRIE „ÎMBUNĂTĂȚIT" SAU „AUTO-UMPLERE", PROBABIL CĂ ESTE PLINĂ DE SODIU ȘI ALȚI ADITIVI.

- 1 curcan de 12 până la 14 lire
- 2 linguri de condimente mediteraneene (vezi veniturile)
- ¼ cană ulei de măsline
- 3 kilograme de morcovi medii, decojiți, tăiați și tăiați la jumătate sau sferturi pe lungime
- 1 rețetă de piure de rădăcină de usturoi (vezi. veniturile, sub)

1. Preîncălziți cuptorul la 425°F. Îndepărtați gâtul și măruntaiele din curcan; Rezervați pentru o altă utilizare dacă doriți. Separați cu grijă pielea de marginea sânului. Treceți-vă degetele sub piele pentru a crea un buzunar pe partea superioară a pieptului și a coapselor. Lingura 1 lingura condiment mediteranean sub piele; Distribuiți uniform pe piept și coapse folosind degetele. Trageți pielea gâtului înapoi; asigurați cu scobitori. Îndoiți capetele tobelor sub banda de piele din partea de sus a cozii. Dacă nu există o bandă de piele, legați bine bețișoarele de coadă cu o frânghie din bumbac 100%. Întoarceți vârfurile aripilor sub sferturile posterioare.

2. Puneți pieptul de curcan cu partea în sus într-o tigaie foarte mare, puțin adâncă. Unge curcanul cu 2 linguri de ulei. Presărați curcanul cu condimentele mediteraneene rămase. Introduceți un termometru pentru carne rezistent la cuptor în centrul mușchiului interior al coapsei;

Termometrul nu trebuie să atingă oase. Acoperiți curcanul lejer cu folie de aluminiu.

3. Coaceți timp de 30 de minute. Reduceți temperatura cuptorului la 325°F. Coaceți timp de 1 1/2 oră. Combinați morcovii și restul de 2 linguri de ulei într-un castron mare; aruncă-l în jachetă. Întindeți morcovii pe o tavă mare de copt. Scoateți folia de curcan și tăiați fâșii de piele sau sfoară între coapse. Prăjiți morcovii și curcanul cu 45 de minute până la 1 ¼ oră mai mult sau până când termometrul înregistrează 175°F.

4. Scoateți curcanul din cuptor. A acoperi; lăsați să se odihnească 15 până la 20 de minute înainte de a tăia. Serviți curcanul cu piure de morcovi și rădăcină de usturoi.

Piure de rădăcini de usturoi: Tăiați și curățați 3 până la 3 ½ lire rutabaga și 1 ½ până la 2 lire rădăcini de țelină; Tăiați în bucăți de 2 inci. Gătiți rutabagas și rădăcina de țelină într-o oală de 6 litri peste apă clocotită pentru a acoperi 25 până la 30 de minute sau până când sunt foarte fragede. Între timp, într-o cratiță mică, combinați 3 linguri de ulei de măsline extravirgin și 6 până la 8 căței de usturoi tocați. Se fierbe la foc mic timp de 5 până la 10 minute sau până când usturoiul este foarte parfumat, dar nu maro. Adăugați cu grijă ¾ de cană bulion de oase de pui (vezi instrucțiunile).<u>veniturile</u>) sau bulion de pui nesărat. A fierbe; Se ia de pe foc. Scurgeți legumele și reveniți în tigaie. Se zdrobesc legumele cu un zdrobitor de cartofi sau se bate cu un mixer la foc mic. Adăugați ½ linguriță de piper negru. Pasați treptat sau bateți amestecul de bulion până când legumele sunt omogenizate și aproape netede. Adăugați încă ¼ de cană de bulion de oase de pui, dacă este necesar, pentru a obține consistența dorită.

PIEPT DE CURCAN UMPLUT CU SOS PESTO SI SALATA DE RUCOLA

PREGATIRE:30 de minute de gătit: 1 oră 30 de minute de odihnă: 20 de minute pentru: 6 porţii

ACEASTA ESTE PENTRU IUBITORII DE CARNE ALBĂ.IN JUR - PIEPT DE CURCAN CROCANT UMPLUT CU ROSII USCATE LA SOARE, BUSUIOC SI CONDIMENTE MEDITERANEENE. RESTURILE FAC UN PRÂNZ GROZAV.

- 1 cană roşii uscate la soare nesulfurate (fără ulei)
- 1 piept de curcan dezosat de 4 kg, pe jumătate decojit
- 3 linguriţe de condiment mediteranean (vezi veniturile)
- 1 cană de frunze de busuioc proaspăt impachetate
- 1 lingura ulei de masline
- 8 grame de rucola pentru copii
- 3 roşii mari, tăiate în jumătate şi feliate
- ¼ cană ulei de măsline
- 2 linguri otet de vin rosu
- piper negru
- 1½ cani pesto de busuioc (vezi reteta) veniturile

1. Preîncălziţi cuptorul la 375°F. Într-un castron mic, turnaţi suficientă apă clocotită pentru a acoperi roşiile uscate la soare. Lasă-l să stea 5 minute; se scurge si se toaca marunt.

2. Aşezaţi pieptul de curcan, cu pielea în jos, pe o foaie mare de plastic. Peste curcan se pune o altă foaie de folie de plastic. Folosind partea plată a unui ciocan de carne, bate uşor pieptul până când este o grosime uniformă, de aproximativ ¾ inch grosime. Aruncaţi folie de plastic. Presăraţi 1½ linguriţă de condiment mediteranean peste

carne. Adăugați deasupra roșiile și frunzele de busuioc. Înfășurați cu grijă pieptul de curcan, lăsând pielea. Legați friptura în patru până la șase locuri folosind sfoară de bucătărie din bumbac 100%. Ungeți cu 1 lingură ulei de măsline. Presărați friptura cu restul de 1 ½ linguriță de condimente mediteraneene.

3. Puneți friptura, cu pielea în sus, pe un grătar într-o tavă mică. Coaceți, descoperit, timp de 1 1/2 oră sau până când un termometru introdus lângă centru înregistrează 165°F și pielea este aurie și crocantă. Scoateți curcanul din cuptor. Acoperiți lejer cu folie de aluminiu; lăsați să stea 20 de minute înainte de a tăia.

4. Pentru salata de rucola, pune rucola, roșia, ¼ cană de ulei de măsline, oțet și ardei într-un castron mare și gustă. Scoateți sforile din tigaie. Curcan feliat subțire. Se serveste cu salata de rucola si pesto de busuioc.

PIEPT DE CURCAN PICANT CU SOS BBQ DE CIRESE

PREGATIRE:15 minute Gatiti: 1 ora 15 minute In picioare: 45 minute Randament: 6 pana la 8 portii

ACEASTA ESTE O REȚETĂ DRĂGUȚĂCÂND VREI ALTCEVA DECÂT BURGERI, EL SERVEȘTE MULȚIMEA PE GRĂTARUL DIN CURTE. SERVIȚI CU O SALATĂ CROCANTĂ PRECUM SALATA CROCANTĂ DE BROCCOLI (VEZI REȚETA).VENITURILE) SAU SALATĂ DE VARZĂ DE BRUXELLES RASĂ (VEZIVENITURILE).

- 1 4 până la 5 lire piept de curcan întreg cu os
- 3 linguri condimente afumate (vezi reteta)veniturile)
- 2 linguri de suc proaspăt de lămâie
- 3 c. supa de ulei de masline
- 1 pahar de vin alb sec, cum ar fi Sauvignon Blanc
- 1 cană de cireșe Bing proaspete sau congelate, neîndulcite, fără sâmburi și mărunțite
- ⅓ pahar cu apă
- 1 cana sos gratar (vezi reteta)veniturile)

1. Lăsați pieptul de curcan să stea la temperatura camerei timp de 30 de minute. Preîncălziți cuptorul la 325°F. Așezați pieptul de curcan, cu pielea în sus, pe un grătar într-o tigaie înaltă.

2. Combinați Smoky Spice, sucul de lămâie și uleiul de măsline într-un castron mic pentru a face o pastă. Slăbiți pielea cărnii; Întindeți cu grijă jumătate din pasta de roșii peste carnea de sub piele. Întindeți restul pastei uniform pe piele. Se toarnă vinul în fundul cratiței.

3. Prăjiți timp de 1¼ până la 1½ oră sau până când pielea devine maro aurie și un termometru cu citire instantanee introdus în centrul fripturii (nu atingeți osul) înregistrează 170°F, rotind tava la jumătatea prăjirii. Lăsați să se odihnească timp de 15 până la 30 de minute înainte de a tăia.

4. Între timp, pentru sosul de grătar cu cireșe, combinați cireșele și apa într-o cratiță medie. A fierbe; reduce caldura. Gatiti descoperit timp de aproximativ 5 minute. Se amestecă sosul grătar; Gatiti 5 minute. Se serveste cald sau la temperatura camerei cu curcanul.

FILE DE CURCAN PRĂJIT ÎN VIN

PREGATIRE:30 de minute de gătit: 35 de minute: 4 porții

GĂTIREA FRIPTURII DE CURCANOFERĂ O AROMĂ GROZAVĂ CU AMESTECUL DE VIN, ROȘII ROM TOCATE, BULION DE PUI, IERBURI PROASPETE ȘI ARDEI ROȘU MĂCINAT. SERVEȘTE ACEST FEL DE MÂNCARE CA O CASEROLĂ ÎN BOLURI PUȚIN ADÂNCI CU LINGURI MARI PENTRU A OBȚINE PUȚIN DIN BULIONUL DELICIOS LA FIECARE MUȘCĂTURĂ.

- 2 muschii de curcan de 8 până la 12 uncii, tăiați în bucăți de 1 inch
- 2 linguri condiment pentru pasare fara sare
- 2 c. supa de ulei de masline
- 6 catei de usturoi tocati marunt (1 lingura)
- 1 cană ceapă tocată
- ½ cană țelină tocată
- 6 roșii rome, fără semințe și tocate (aproximativ 3 căni)
- ½ cană de vin alb sec, cum ar fi Sauvignon Blanc
- ½ cană bulion de oase de pui (vezi rețetă).veniturile) sau bulion de pui nesarat
- ½ lingurita rozmarin proaspat tocat marunt
- ¼ până la ½ linguriță de ardei roșu măcinat
- ½ cană frunze de busuioc proaspăt, tocate
- ½ cană pătrunjel proaspăt tocat

1. Într-un castron mare, ungeți bucățile de curcan cu condimente pentru păsări de curte. Încinge 1 lingură de ulei de măsline într-o tigaie antiaderență foarte mare la foc mediu. Gatiti curcanul in cate in ulei incins pana se rumeneste pe toate partile. (Curcanul nu trebuie gătit.) Se transferă pe o farfurie și se păstrează la cald.

2. Adaugă restul de 1 lingură de ulei de măsline în tigaie. Creșteți căldura la mediu mare. Adăugați usturoiul; Gatiti

si amestecati 1 minut. Adăugați ceapa și țelina; Gatiti si amestecati 5 minute. Adăugați sucuri de curcan și de gătit, roșii, vin, bulion de oase de pui, rozmarin și ardei roșu zdrobit. Reduceți căldura la mediu-scăzut. Închideți capacul și gătiți timp de 20 de minute, amestecând din când în când. Adauga busuioc si patrunjel. Descoperiți și gătiți încă 5 minute sau până când curcanul nu mai este roz.

PIEPT DE CURCAN SOTAT CU SOS DE ARPAGIC

PREGATIRE:30 de minute de gătit: 15 minute randament: 4 porțiiFOTOGRAFIE

PENTRU A TĂIA FILEUL DE CURCAN ÎN JUMĂTATECÂT MAI UNIFORM POSIBIL PE ORIZONTALĂ, APĂSAȚI UȘOR PE FIECARE CU PALMA, APLICÂND O PRESIUNE CONSTANTĂ ÎN TIMP CE TĂIAȚI CARNEA.

- ¼ cană ulei de măsline
- 2 muschii de piept de curcan de 8 până la 12 uncii, tăiați la jumătate pe orizontală
- ¼ de lingurita piper negru proaspat macinat
- 3 c. supa de ulei de masline
- 4 catei de usturoi, tocati marunt
- 8 uncii de creveți medii decojiți și curățați, cozile îndepărtate și tăiate la jumătate pe lungime
- ¼ cană vin alb sec, bulion de oase de pui (vezi rețetă).veniturile) sau bulion de pui nesarat
- 2 linguri arpagic proaspat tocat
- ½ lingurita coaja de lamaie rasa fin
- 1 lingura de suc proaspat de lamaie
- Paste cu dovleac și roșii (vezi.veniturile, mai jos) (opțional)

1. Încinge 1 lingură ulei de măsline într-o tigaie mare la foc mediu-mare. Adăugați curcanul în tigaie; se presară cu piper. Reduceți căldura la mediu. Coaceți timp de 12 până la 15 minute sau până când nu mai sunt roz și sucurile curg limpede (165°F), întorcându-se o dată la jumătatea gătitului. Scoateți fripturile de curcan din tigaie. Acoperiți cu folie de aluminiu pentru a se menține cald.

2. Pentru sos, încălziți 3 linguri de ulei în aceeași tigaie la foc mediu. Adăugați usturoiul; Gatiti timp de 30 de secunde.

Se amestecă creveții; Gatiti si amestecati 1 minut. Adăugați vinul, arpagicul și coaja de lămâie; Gatiti si amestecati inca 1 minut sau pana cand crevetii devin opace. Se ia de pe foc; Se amestecă sucul de lămâie. Pentru a servi, puneți sosul peste friptura de curcan. Dacă doriți, serviți cu dovlecei și tăiței cu roșii.

Paste cu roșii cu dovleac: Cu ajutorul unui curățător de mandolină sau julienne, tăiați 2 dovlecei galbeni în fâșii julienne. Se încălzește 1 lingură ulei de măsline extravirgin într-o oală mare la foc mediu-mare. Adăugați fâșii de dovleac; Gatiti 2 minute. Adăugați 1 cană de roșii struguri și ¼ de linguriță de piper negru proaspăt măcinat; Gatiti inca 2 minute sau pana cand dovleceii sunt crocante.

PULPE DE CURCAN FRIPTE CU RADACINA

PREGATIRE:30 de minute de gătit: 1 oră 45 de minute randament: 4 porții

ACESTA ESTE UNUL DINTRE ACELE FELURI DE MÂNCAREVREI SĂ GĂTEȘTI ÎNTR-O DUPĂ-AMIAZĂ RĂCOROASĂ DE TOAMNĂ, CÂND AI TIMP SĂ TE PLIMBI ÎN TIMP CE SE COACE ÎN CUPTOR. DACĂ EXERCIȚIILE FIZICE NU ÎȚI TREZESC POFTA DE MÂNCARE, AROMA MINUNATĂ PE CARE O AUZI CÂND INTRI PE UȘĂ O VA FACE CU SIGURANȚĂ.

3 c. supa de ulei de masline

4 pulpe de curcan de 20 până la 24 uncii

½ linguriță piper negru proaspăt măcinat

6 catei de usturoi, curatati si macinati

1½ linguriță de semințe de fenicul, zdrobite

1 linguriță de ienibahar întreg, învinețit*

1 ½ cani supa de oase de pui (vezi reteta).veniturile) sau bulion de pui nesarat

2 crengute de rozmarin proaspat

2 crengute de cimbru proaspat

1 frunză de dafin

2 cepe mari, curatate de coaja si taiate in cate 8 bucati

6 morcovi mari, curățați și tăiați în felii de 1 inch

2 napi mari, decojiti si taiati cubulete de 1 inch

2 păstârnac medii, curățați și tăiați în felii de 2,5 cm**

1 rădăcină de țelină, curățată și tăiată în bucăți de 1 inch

1. Preîncălziți cuptorul la 350°F. Încinge uleiul de măsline într-o tigaie mare la foc mediu-mare până devine auriu. Adăugați 2 pulpe de curcan. Gatiti aprox. Coaceți 8 minute sau până când picioarele sunt aurii și crocante, rumenite uniform pe toate părțile. Transferați pulpele de curcan pe

o farfurie; repetați cu restul de 2 pulpe de curcan. Pus deoparte.

2. Adaugati in tigaie piper, usturoi, seminte de fenicul si seminte de fenicul. Gătiți și amestecați la foc mediu timp de 1 până la 2 minute sau până când este parfumat. Adăugați bulion de oase de pui, rozmarin, cimbru și foi de dafin. Aduceți la fierbere, amestecând pentru a răzui bucățile rumenite de pe fundul oalei. Scoateți tigaia de pe aragaz și lăsați-o deoparte.

3. Combinați ceapa, morcovii, napii, păstârnacul și rădăcina de țelină într-un cuptor olandez foarte mare, cu un capac etanș. Adăugați lichid din tigaie; aruncă-l în jachetă. Apăsați pulpele de curcan în amestecul de legume. Acoperiți cu un capac.

4. Prăjiți timp de aproximativ 1 oră și 45 de minute sau până când legumele sunt fragede și curcanul este gătit. Serviți pulpe de curcan și legume în boluri mari și puțin adânci. Turnați sucul din tigaie peste el.

*Sfat: Pentru a zdrobi semințele de ienibahar și fenicul, puneți semințele pe o masă de tăiat. Folosiți partea plată a unui cuțit de bucătar și apăsați pentru a zdrobi ușor semințele.

**Sfat: Tăiați bucățile mari din partea de sus a păstârnac.

CHIFTELUȚE DE CURCAN CU IERBURI CU CEAPA CARAMELIZATA, KETCHUP ȘI BUCATA DE VARZA INABUȘITA

PREGATIRE:15 minute fierbere: 30 minute prăjire: 1 oră 10 minute odihnă: 5 minute randament: 4 porții

CHIFTELE CLASICE CU KETCHUP CU SIGURANȚĂKETCHUP ÎN MENIUL PALEO (VEZI.VENITURILE) NU CONȚINE SARE ȘI ZAHĂR ADĂUGATE. AICI, KETCHUP-UL SE AMESTECĂ CU CEAPA CARAMELIZATĂ CARE SE PUNE PE CHIFTELE ÎNAINTE DE PRĂJIRE.

1½ kilograme de curcan măcinat

2 oua, batute usor

½ cană făină de migdale

⅓ cană pătrunjel proaspăt tocat

¼ cană de arpagic feliat subțire (2)

1 lingura de salvie proaspata tocata sau 1 lingurita de salvie uscata macinata

1 lingura de cimbru proaspat tocat sau 1 lingurita de cimbru uscat, zdrobit

¼ lingurita piper negru

2 c. supa de ulei de masline

2 cepe dulci, tăiate în jumătate și feliate subțiri

1 cană Paleo Ketchup (vezi rețetă).veniturile)

1 varză mică, tăiată în jumătate, fără miez și tăiată în 8 bucăți

½ până la 1 linguriță de ardei roșu măcinat

1. Preîncălziți cuptorul la 350°F. Tapetați o tavă mare de copt cu hârtie de copt; pune deoparte. Combinați curcanul măcinat, oul, făina de migdale, pătrunjelul, ceapa, salvie, cimbru și piper negru într-un castron mare. Pe foaia de copt pregătită, modelați amestecul de curcan într-o pâine de 8 × 4 inci. Coaceți timp de 30 de minute.

2. Între timp, pentru ketchup-ul de ceapă caramelizată, încălziți 1 lingură de ulei de măsline într-o tigaie mare la foc mediu. Adăugați ceapa; aproximativ Amestecați constant timp de 5 minute sau până când ceapa începe să se rumenească. Reduceți căldura la mediu-scăzut; aproximativ Coaceți timp de 25 de minute sau până când devine auriu și foarte moale, amestecând din când în când. Se ia de pe foc; Se amestecă Paleo Ketchup.

3. Peste chifla de curcan se toarnă puțin din ketchup-ul de ceapă caramelizată. Puneți bucăți de varză în jurul pâinii. Stropiți 1 lingură rămasă de ulei de măsline peste varză; se presară cu ardei roșu măcinat. Gatiti aprox. Coaceți timp de 40 de minute sau până când un termometru introdus în centrul pâinii înregistrează 165°F, acoperiți cu ketchup de ceapă caramelizată și întoarceți bucățile de kale după 20 de minute. Lăsați oala de curcan să se odihnească timp de 5 până la 10 minute înainte de a tăia felii.

4. Serviți oala de curcan cu bucățile de varză și restul de ketchup de ceapă caramelizată.

POSOLE PERUAN

PREGATIRE: 20 de minute de gătit: 8 minute de gătit: 16 minute Randament: 4 porții

INGREDIENTE PENTRU ACEASTA SUPA FIERBINTE MEXICANAMAI MULT DECAT DECOR. CORIANDRUL ADAUGA O AROMA DIFERITA, AVOCADO ADAUGA O AROMA CREMOASA, IAR NUGGETELE COAPTE ADAUGA O AROMA MINUNATA.

8 roșii proaspete

1¼ până la 1½ kilograme de curcan măcinat

1 ardei rosu, fara samburi si taiat fasii subtiri

½ cana ceapa tocata (1 de marime medie)

6 catei de usturoi tocati marunt (1 lingura)

1 lingura condiment mexican (vezi reteta)veniturile)

2 cani supa de oase de pui (vezi reteta).veniturile) sau bulion de pui nesarat

1 cutie de 14,5 uncii roșii prăjite la foc fără sare, nescurcate

1 ardei jalapeno sau serrano, fara samburi si tocat (vezi reteta).sfaturi)

1 avocado mediu, tăiat în jumătate, decojit, fără miez și feliat subțire

¼ cană pepita nesărate, prăjite (vezi rețeta)sfaturi)

¼ cană coriandru proaspăt tocat

felii de lamaie

1. Preîncălziți grătarul. Scoateți pielea de pe tomate și aruncați-o. Spălați roșiile și tăiați-le în jumătate. Puneți jumătățile de tomate pe grătarul neîncălzit al foii de copt. Se prăjește la 4 până la 5 inci de căldură, întorcându-se o dată la jumătatea gătitului, timp de 8 până la 10 minute sau până când se carbonizează ușor. Lasam sa se raceasca putin in tava pe gratar.

2. Între timp, gătiți curcanul, ardeii și ceapa într-o tigaie mare la foc mediu-mare timp de 5 până la 10 minute sau până când curcanul este maro și legumele sunt fragede,

amestecând cu o lingură de lemn pentru a rupe carnea în timpul gătirii. Scurgeți uleiul dacă este necesar. Adăugați usturoiul și condimentele mexicane. Gatiti si amestecati inca 1 minut.

3. Combinați aproximativ două treimi din tomatele carbonizate și 1 cană de bulion de oase de pui într-un blender. Acoperiți și amestecați până la omogenizare. Adăugați amestecul de curcan în tigaie. Adăugați restul de 1 cană de bulion de oase de pui, roșiile nescurcate și ardeii iute și amestecați. Tocați grosier tomatele rămase; Adăugați la amestecul de curcan. A fierbe; reduce caldura. Închideți capacul și gătiți timp de 10 minute.

4. Pentru a servi, turnați supa în boluri puțin adânci. Acoperiți cu avocado, pepita și coriandru. Aranjați feliile de lămâie peste supă pentru a le stoarce.

BULION DE OASE DE PUI

PREGATIRE: 15 minute Prăjire: 30 minute Fierbere: 4 ore Răcire: peste noapte Produce: aproximativ 10 căni

PENTRU CEL MAI BUN GUST, CEL MAI PROASPĂT ȘI CEA MAI ÎNALTĂ AROMĂCONȚINUT NUTRIȚIONAL – FOLOSEȘTE ÎN REȚETELE TALE BULION DE PUI DE CASĂ. (DE ASEMENEA, NU CONȚINE SARE, CONSERVANȚI SAU ADITIVI.) PRĂJIREA OASELOR ÎNAINTE DE FIERBERE CREȘTE AROMA. PE MĂSURĂ CE OASELE SE GĂTESC ÎNCET ÎN BULION, BULIONUL ESTE INFUZAT CU MINERALE PRECUM CALCIU, FOSFOR, MAGNEZIU ȘI POTASIU. URMĂTOAREA VARIANTĂ DE GĂTIT LENTĂ ÎL FACE DEOSEBIT DE UȘOR DE FĂCUT. CONGELAȚI ÎN RECIPIENTE DE 2 PÂNĂ LA 4 CĂNI ȘI DEZGHEȚAȚI-VĂ DOAR CÂT AVEȚI NEVOIE.

- 2 kilograme de aripioare de pui și spate
- 4 morcovi tocati
- 2 praz mari, doar părți albe și verde deschis, feliate subțiri
- 2 tulpini si frunze de telina, tocate grosier
- 1 pastarnac, tocat grosier
- 6 crengute mari patrunjel italian (frunze plate)
- 6 crengute de cimbru proaspat
- 4 catei de usturoi taiati in jumatate
- 2 lingurițe de piper negru întreg
- 2 cuișoare întregi
- Apă rece

1. Preîncălziți cuptorul la 425°F. Așezați aripioarele și spatele de pui pe o tavă mare de copt; Coaceți timp de 30 până la 35 de minute sau până când se rumenesc bine.

2. Transferați bucățile de pui prăjit și orice bucăți rumenite care s-au acumulat pe foaia de copt într-o tigaie mare.

Adauga morcovi, praz, telina, pastarnac, patrunjel, cimbru, usturoi, piper si catei. Într-o oală mare, adăugați suficientă apă rece (aproximativ 12 căni) pentru a acoperi puiul și legumele. Se aduce la fierbere la foc mediu; Reglați căldura astfel încât apa să mențină un fierbere foarte scăzut și bulele să se ridice la suprafață. Închideți capacul și gătiți timp de 4 ore.

3. Se strecoară bulionul fierbinte printr-o sită mare căptușită cu două straturi de stofă umedă de bumbac 100%. Aruncați solidele. Se acopera cu bulion si se da la frigider peste noapte. Scoateți și aruncați stratul de grăsime de deasupra bulionului înainte de utilizare.

Sfat: Pentru a face bulion (opțional), combinați 1 albuș de ou, 1 coajă de ou zdrobită și ¼ de cană de apă rece într-un castron mic. Amestecați amestecul în bulionul strecurat în tigaie. Să ne întoarcem la gătit. Se ia de pe foc; Lasă-l să stea timp de 5 minute. Se strecoară bulionul fierbinte printr-o sită căptușită cu un strat dublu de prospătă proaspătă din bumbac 100%. Lăsați-l să se răcească și îndepărtați uleiul înainte de utilizare.

Instrucțiuni pentru gătirea lentă: Pregătiți conform instrucțiunilor, cu excepția pasului 2, puneți ingredientele în aragazul lent de 5 până la 6 litri. Închideți capacul și gătiți la foc mic timp de 12 până la 14 ore. Procedați așa cum este descris la pasul 3. Se obțin aproximativ 10 pahare.

SOMON VERDE HARISSA

PREGATIRE: 25 minute pentru gătit: 10 minute pentru grătar: 8 minute Randament: 4 porțiiFOTOGRAFIE

SE FOLOSEȘTE UN CURĂȚĂTOR DE LEGUME STANDARDPENTRU SALATĂ, TĂIAȚI SPARANGHELUL CRUD PROASPĂT ÎN FÂȘII SUBȚIRI. SE AMESTECĂ CU VINEGRETĂ DE CITRICE STRĂLUCITOARE (VEZI REȚETA).VENITURILE) ȘI ACOPERIT CU SEMINȚE DE FLOAREA SOARELUI AFUMATE, PRĂJITE, UN ACOMPANIAMENT RĂCORITOR DE SOMON ȘI UN SOS DE IERBURI VERZI.

SOMON
   4 conserve de 6 până la 8 uncii file de somon proaspăt sau congelat fără piele, de aproximativ 1 inch grosime
   Ulei

HARISSA
   1½ linguriță de semințe de chimen
   1½ linguriță de semințe de coriandru
   1 cană frunze de pătrunjel proaspăt bine împachetate
   1 cana coriandru proaspat tocat grosier (frunze si tulpini)
   2 jalapeno, fără semințe și tocate grosier (vezi rețeta).sfaturi)
   1 arpagic, tocat
   2 catei de usturoi
   1 lingurita coaja de lamaie rasa fin
   2 linguri de suc proaspăt de lămâie
   ⅓ cană ulei de măsline

SEMINTE PICANTE DE FLOAREA SOARELUI
   ⅓ cană semințe crude de floarea soarelui
   1 lingurita ulei de masline
   1 lingurita de condiment afumat (vezi reteta).veniturile)

SALATA
12 sulițe mari de sparanghel, tăiate (aproximativ 1 kg)
⅓ cană Salată Bright Citrus (vezi rețeta)veniturile)

1. Decongelati pestele daca este congelat; se usucă cu un prosop de hârtie. Ungeți ușor ambele părți ale peștelui cu ulei de măsline. Pus deoparte.

2. Pentru harissa, prăjiți semințele de chimen și coriandru într-o tigaie mică la foc mediu-mic timp de 3 până la 4 minute, sau până când sunt ușor prăjite și parfumate. Combinați semințele de chimen și coriandru prăjite, pătrunjelul, coriandru, jalapeno, ceapa verde, usturoiul, coaja de lămâie, sucul de lămâie și uleiul de măsline într-un robot de bucătărie. Procesați până la omogenizare. Pus deoparte.

3. Pentru semințele picante de floarea soarelui, preîncălziți cuptorul la 300°F. Tapetați o foaie de copt cu hârtie de copt; pune deoparte. Combinați semințele de floarea soarelui și 1 linguriță de ulei de măsline într-un castron mic. Se presara Smoky Spice peste seminte; se amestecă pentru a acoperi. Răspândiți uniform semințele de floarea soarelui pe hârtie de pergament. Coaceți aproximativ 10 minute sau până se rumenesc ușor.

4. Pentru un grătar cu cărbune sau pe gaz, puneți somonul direct pe o tigaie unsă cu grătar la foc mediu. Acoperiți și grătarul timp de 8 până la 12 minute sau până când peștele începe să se descuie când este testat cu o furculiță, întorcându-se o dată la jumătatea gătitului.

5. Între timp, pentru salată, tăiați sparanghelul în fâșii lungi și subțiri folosind un curățător de legume. Transferați pe o

farfurie sau un bol de dimensiuni medii. (Capetele se vor slăbi pe măsură ce frigăruile devin mai subțiri; așezați-le pe o farfurie sau un castron.) Stropiți vinaigreta cu citrice strălucitoare peste frigaruile ras. Presărați deasupra semințe de floarea soarelui asezonate.

6. Pentru a servi, asezati cate un file pe fiecare din cele patru farfurii; Adăugați niște harissa verde la fiecare file. Se serveste cu salata de sparanghel ras.

SOMON LA GRATAR CU SALATA DE INIMA DE ANGHINARE MARINATA

PREGATIRE:20 de minute la grătar: Rezultat în 12 minute: 4 porții

ADESEA CELE MAI BUNE INSTRUMENTE PENTRU PREPARAREA SALATELORACESTEA SUNT MÂINILE TALE. ÎNCORPORAREA DE SALATĂ MOALE ȘI ANGHINARE LA GRĂTAR ÎN ACEASTĂ SALATĂ SE FACE CEL MAI BINE CU MÂINILE CURATE.

4 fileuri de somon proaspete sau congelate de 6 uncii

1 pachet de 9 uncii inimioare de anghinare congelate, dezghețate și scurse

5 linguri de ulei de măsline

2 linguri eșalotă tocată

1 lingura coaja de lamaie rasa fin

¼ cană suc proaspăt de lămâie

3 linguri de cimbru proaspăt tocat

½ linguriță piper negru proaspăt măcinat

1 lingură condiment mediteranean (veziveniturile)

1 pachet de 5 uncii Baby Mixed Salad

1. Decongelati pestele daca este congelat. spălați peștele; se usucă cu un prosop de hârtie. Pune peștele deoparte.

2. Într-un castron mediu, aruncați inimioare de anghinare cu 2 linguri de ulei de măsline; pune deoparte. Combinați 2 linguri de ulei de măsline, arpagicul, coaja de lămâie, suc de lămâie și cimbru într-un castron mare; pune deoparte.

3. Pentru un grătar cu cărbune sau pe gaz, puneți inimioare de anghinare în coșul de grătar și grătar direct la foc mediu-mare. Acoperiți și grătar, amestecând frecvent, timp de 6 până la 8 minute sau până când se carbonizează și se încălzește. Scoateți anghinarea de pe grătar. Lasam sa se

raceasca 5 minute si adaugam anghinarea la amestecul de salota. Asezonați cu piper; aruncă-l în jachetă. Pus deoparte.

4. Ungeți somonul cu 1 lingură rămasă de ulei de măsline; Presărați condimente mediteraneene deasupra. Puneți somonul, cu partea condimentată în jos, direct pe grătar la foc mediu-mare. Acoperiți și grătarul timp de 6 până la 8 minute sau până când peștele începe să se destrame atunci când este testat cu o furculiță, întorcându-l cu grijă la jumătatea gătitului.

5. Puneti salata intr-un vas cu anghinarea marinata; se amestecă ușor pentru a acoperi. Serviți salata cu somon la grătar.

SOMON PRAJIT CU CHILE SI SALVIE, CU SOS DE ROSII VERDE

PREGATIRE: 35 minute răcire: 2 până la 4 ore gătire: 10 minute randament: 4 porții

„FLASH-ROASTING" SE REFERĂ LA TEHNICĂPENTRU A ÎNCĂLZI TAVA USCATĂ LA CUPTOR LA TEMPERATURĂ RIDICATĂ, ADĂUGAȚI PUȚIN ULEI ȘI PEȘTE, PUI SAU CARNE (PRĂJIȚI!), APOI TERMINAȚI VASUL LA CUPTOR. PRĂJIREA RAPIDĂ REDUCE TIMPUL DE GĂTIRE ȘI CREEAZĂ O CRUSTĂ DELICIOASĂ ȘI CROCANTĂ LA EXTERIOR ȘI O CRUSTĂ SUCULENTĂ ȘI AROMATĂ LA INTERIOR.

SOMON

- 4 5 până la 6 uncii file de somon proaspăt sau congelat
- 3 c. supa de ulei de masline
- ¼ cana ceapa tocata marunt
- 2 catei de usturoi, curatati si taiati felii
- 1 lingura coriandru macinat
- 1 lingura de chimen macinat
- 2 lingurite de ardei rosu dulce
- 1 lingurita de cimbru uscat, zdrobit
- ¼ lingurita ardei iute
- ⅓ cană suc proaspăt de lămâie
- 1 lingura patrunjel proaspat tocat

SOS DE ROSII VERZI

- 1½ cani de rosii verzi ferme tocate
- ⅓ cana ceapa rosie tocata marunt
- 2 linguri coriandru proaspat tocat
- 1 jalapeno, fără semințe și tocat (vezi rețeta).sfaturi)
- 1 catel de usturoi, tocat marunt
- ½ linguriță de chimen măcinat

¼ linguriță de pudră de chili
2 până la 3 linguri de suc proaspăt de lămâie

1. Decongelati pestele daca este congelat. spălați peștele; se usucă cu un prosop de hârtie. Pune peștele deoparte.

2. Pentru pasta de ardei și salvie, combinați 1 lingură de ulei de măsline, ceapa și usturoi într-o cratiță mică. Gătiți la foc mic timp de 1 până la 2 minute sau până când este parfumat. Adăugați coriandru și chimen; Gatiti si amestecati 1 minut. Se amestecă boia de ardei, cimbru și cayenne; Gatiti si amestecati 1 minut. Adăugați suc de lămâie și salvie; gătiți și amestecați aproximativ 3 minute sau până se formează o pastă netedă; Misto.

3. Folosind degetele, ungeți ambele părți ale fileurilor cu pasta de salvie-ardei. Puneți peștele într-un pahar sau farfurie nereactivă; Acoperiți strâns cu folie de plastic. Dați la frigider pentru 2 până la 4 ore.

4. Între timp, pentru sos, combinați roșiile, ceapa, coriandru, jalapeno, usturoiul, chimenul și pudra de ardei roșu într-un castron mediu. Se amestecă bine pentru a se amesteca. Stropiți cu suc de lămâie; aruncă-l în jachetă.

4. Folosiți o spatulă de plastic și răzuiți cât mai multă pulpă de pe somon. Aruncați pastele.

5. Puneți o tigaie de fontă foarte mare în cuptor. Setați cuptorul la 500°F. Preîncălziți cuptorul cu o tavă înăuntru.

6. Scoateți tava fierbinte din cuptor. Turnați 1 lingură de ulei de măsline în tigaie. Înclinați tigaia pentru a acoperi fundul tigaii cu ulei. Puneți fileurile cu pielea în jos în

tigaie. Ungeți blatul fileurilor cu 1 lingură rămasă de ulei de măsline.

7. Gătiți somonul aproximativ 10 minute sau până când peștele începe să se descuie când este testat cu o furculiță. Serveste pestele cu patrunjel.

SOMON PRAJIT SI SPARANGHEL IN PAPILLOTE CU PESTO DE LAMAIE SI ALUNE

PREGATIRE:Coaceți 20 de minute: 17 minute: 4 porții

A GĂTI „EN PAPILLOTE" ÎNSEAMNĂ PUR ŞI SIMPLU A GĂTI MÂNCAREA PE HÂRTIE.ESTE UN MOD FRUMOS DE A GĂTI DIN MULTE MOTIVE. PEŞTELE ŞI LEGUMELE SE ABURESC ÎN INTERIORUL PACHETULUI DE PERGAMENT, ETANŞÂND SUCURILE, AROMA ŞI SUBSTANŢELE NUTRITIVE ALE ACESTORA, ŞI NU EXISTĂ OALE ŞI TIGĂI DE SPĂLAT MAI TÂRZIU.

- 4 fileuri de somon proaspete sau congelate de 6 uncii
- 1 cană frunze de busuioc proaspăt împachetate uşor
- 1 cană frunze de pătrunjel proaspăt uşor împachetate
- ½ cană alune prăjite*
- 5 linguri de ulei de măsline
- 1 lingurita coaja de lamaie rasa fin
- 2 linguri de suc proaspăt de lămâie
- 1 catel de usturoi, tocat
- 1 kilogram de sparanghel slab, tăiat
- 4 linguri de vin alb sec

1. Decongelați somonul dacă este înghețat. spălați peștele; se usucă cu un prosop de hârtie. Preîncălziți cuptorul la 400°F.

2. Pentru pesto, combina busuiocul, patrunjelul, alunele, uleiul de masline, coaja de lamaie, sucul de lamaie si usturoiul intr-un blender sau robot de bucatarie. Acoperiți și amestecați sau procesați până la omogenizare; pune deoparte.

3. Tăiați patru pătrate de 12 inci din hârtie de pergament. Pentru fiecare pachet, puneți un file de somon în centrul unui pătrat de pergament. Acoperiți cu un sfert de sparanghel și 2 până la 3 linguri de pesto; Stropiți cu 1 lingură de vin. Luați două părți opuse ale hârtiei de pergament și îndoiți peștele de mai multe ori. Îndoiți marginile pergamentului pentru a sigila. Repetați pentru a face încă trei pachete.

4. Coaceți timp de 17 până la 19 minute sau până când peștele începe să se descuie când este testat cu o furculiță (deschideți cu grijă pachetul pentru a verifica starea de gătit).

*Sfat: Pentru a prăji alunele, preîncălziți cuptorul la 350°F. Întindeți nucile într-un singur strat într-o tigaie mică. Coaceți 8 până la 10 minute sau până se rumenesc ușor, amestecând o dată, până se rumenesc uniform. Lasam alunele sa se raceasca putin. Puneți alunele fierbinți pe un prosop curat de bucătărie; Frecati cu un prosop pentru a indeparta pielea lasa.

SOMON CU CIUPERCI SI SOS DE MERE

DE LA INCEPUT LA SFARSIT:Randament în 40 de minute: 4 porții

TOT ACEST FILE DE SOMONGARNIȚI CU CIUPERCI SOTATE, EȘALOTA, FELII DE MERE CU COAJA ROȘIE ȘI SERVIȚI PE UN PAT DE SPANAC VERDE STRALUCITOR, OASPEȚII AU DE SERVIT O MASA SPECTACULOASA.

- 1 1½ kg file de somon întreg, proaspăt sau congelat, pe piele
- 1 lingurita de seminte de fenicul zdrobite fin*
- ½ linguriță de salvie uscată, zdrobită
- ½ lingurita coriandru macinat
- ¼ linguriță de muștar uscat
- ¼ lingurita piper negru
- 2 c. supa de ulei de masline
- 1 ½ cană de ciuperci cremini proaspete, tăiate în sferturi
- 1 șalotă medie, feliată foarte subțire
- 1 măr mic de copt, tăiat în sferturi, fără miez și feliat subțire
- ¼ pahar de vin alb sec
- 4 căni de spanac proaspăt
- crenguță mică de salvie proaspătă (opțional)

1. Decongelați somonul dacă este înghețat. Preîncălziți cuptorul la 425°F. Tapetați o tavă mare de copt cu hârtie de copt; pune deoparte. spălați peștele; se usucă cu un prosop de hârtie. Puneți pielea de somon în jos pe foaia de copt pregătită. Combinați semințele de fenicul, ½ linguriță de salvie uscată, coriandru, muștar și piper într-un castron mic. Se presara uniform peste somon; frecați-l cu degetele.

2. Măsurați grosimea peștelui. Somonul la grătar timp de 4 până la 6 minute pe ½ inch grosime sau până când peștele începe să se descuie când este testat cu o furculiță.

3. Între timp, pentru sosul de tigaie, încălziți uleiul de măsline într-o oală mare la foc mediu. Adaugati ciupercile si salota; Gatiti 6 pana la 8 minute sau pana cand ciupercile sunt fragede si incep sa se rumeneasca, amestecand ocazional. Adăugați măr; Închideți capacul și gătiți și amestecați încă 4 minute. Adăugați cu atenție vinul. Gatiti, neacoperit, timp de 2-3 minute sau pana cand feliile de mere sunt fragede. Folosind o lingură cu fantă, transferați amestecul de ciuperci într-un bol mediu; acoperiți pentru a se menține cald.

4. Gatiti spanacul in aceeasi tigaie, amestecand continuu, timp de 1 minut sau pana cand spanacul se ofileste. Împărțiți spanacul în patru farfurii de servire. Împărțiți fileul de somon în patru bucăți egale, tăind pielea, dar nu prin ea. Folosiți o spatulă mare pentru a îndepărta porțiuni de somon de pe piele; Pe fiecare farfurie se pune o portie de somon si spanac. Se toarnă amestecul de ciuperci uniform peste somon. Dacă se dorește, poate fi ornat cu salvie proaspătă.

*Sfat: Folosiți un mojar și un pistil sau o râșniță de condimente pentru a zdrobi fin semințele de fenicul.

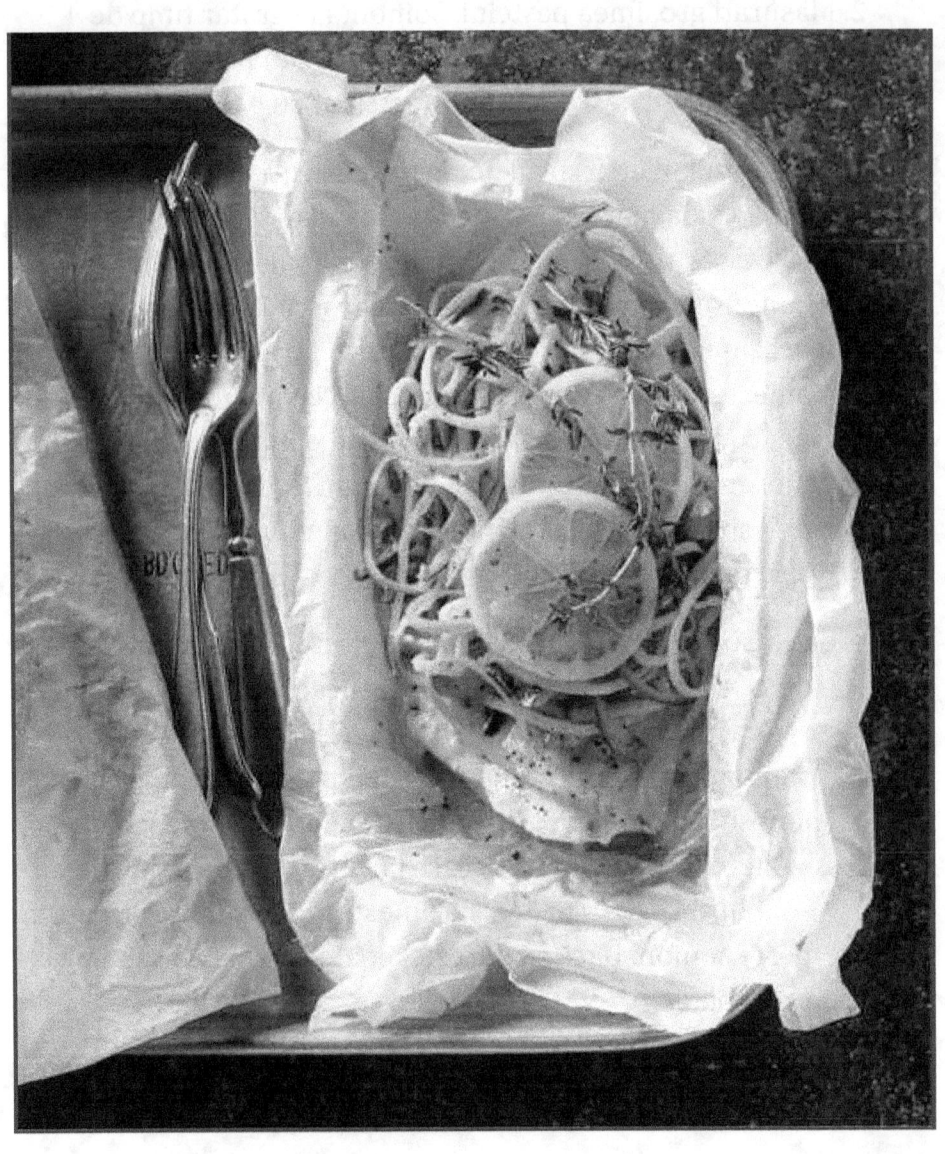

JULIENNE VEGETABLE SOLE EN PAPILLOTE

PREGATIRE:Gatiti 30 de minute: 12 minute: 4 portiiFOTOGRAFIE

CU SIGURANȚĂ POȚI TĂIA LEGUMELE ÎN JULIENĂSE POATE FACE CU UN CUȚIT DE BUCĂTAR BUN ȘI ASCUȚIT, DAR NECESITĂ FOARTE MULT TIMP. COJITORUL JULIENNE (VEZI."ECHIPAMENT") ACCELEREAZA CREAREA DE FAȘII DE LEGUME LUNGI, SUBȚIRI ȘI CONSISTENTE.

4 fileuri de 6 uncii de halibut proaspăt sau congelat, lipa sau alt pește alb ferm
1 dovlecel, tăiat fâșii julienne
1 morcov mare, tăiat fâșii julienne
½ ceapă roșie tăiată fâșii julienne
2 roșii rom, fără semințe și tăiate mărunt
2 catei de usturoi, tocati marunt
1 lingura ulei de masline
½ lingurita piper negru
1 lămâie, tăiată în 8 felii subțiri, cu semințele îndepărtate
8 crengute de cimbru proaspat
4 lingurite de ulei de masline
¼ pahar de vin alb sec

1. Decongelati pestele daca este congelat. Preîncălziți cuptorul la 375°F. Combinați dovleceii, morcovii, ceapa, roșiile și usturoiul într-un castron mare. Adăugați 1 lingură ulei de măsline și ¼ linguriță de piper; se amestecă bine pentru a se combina. Rezervați legumele.

2. Tăiați patru pătrate de 14 inci din hârtie de pergament. spălați peștele; se usucă cu un prosop de hârtie. Așezați un file în centrul fiecărui pătrat. Se presară cu ¼ de linguriță de piper rămas. Distribuiți uniform peste file legumele,

feliile de lămâie și crenguțele de cimbru. Stropiți fiecare grămadă cu 1 linguriță de ulei de măsline și 1 lingură de vin alb.

3. Lucrând câte un pachet, luați două părți opuse ale hârtiei de pergament și îndoiți-le peste pește de câteva ori. Îndoiți marginile pergamentului pentru a sigila.

4. Așezați pachetele pe o tavă mare de copt. Gatiti aprox. Coaceți timp de 12 minute sau până când peștele începe să se destrame când este testat cu o furculiță (deschideți cu atenție pachetul pentru a verifica starea de gătit).

5. Pentru a servi, puneți fiecare pachet într-o farfurie mică; Deschideți pachetele cu grijă.

TACOS DE PESTO PESTO DE RUCOLA CU CREMA DE LAMAIE AFUMATA

PREGATIRE:30 de minute Grătar: 4 până la 6 minute pe ½ inch grosime Face: 6 porții

PUTEȚI ÎNLOCUI CODUL CU TALPĂ- NU DOAR TILAPIA. DIN PĂCATE, TILAPIA ESTE UNA DINTRE CELE MAI PROASTE ALEGERI DE PEȘTE. ESTE APROAPE UNIVERSAL CULTIVAT ÎN FERME ȘI ADESEA ÎN CONDIȚII MIZERABILE; PRIN URMARE, DEȘI TILAPIA SE GĂSEȘTE APROAPE PESTE TOT, AR TREBUI EVITATĂ.

4 fileuri de halibut de 4 până la 5 uncii, proaspete sau congelate, de aproximativ ½ inch grosime

1 reteta de pesto de rucola (vezi.veniturile)

½ cana crema de caju (vezi reteta)veniturile)

1 lingurita de condiment afumat (vezi reteta).veniturile)

½ lingurita coaja de lamaie rasa fin

12 frunze crocante de salata verde

1 avocado copt, tăiat în jumătate, fără miez, decojit și feliat subțire

1 cana rosii tocate

¼ cană coriandru proaspăt tocat

1 lămâie, tăiată cubulețe

1. Decongelati pestele daca este congelat. spălați peștele; se usucă cu un prosop de hârtie. Pune peștele deoparte.

2. Întindeți puțin pesto de rucola pe ambele părți ale peștelui.

3. Pentru un grătar cu cărbune sau pe gaz, puneți peștele direct pe o tigaie unsă cu grătar la foc mediu. Acoperiți și grătarul timp de 4 până la 6 minute sau până când peștele se fulge când este verificat cu o furculiță, întorcându-se o dată la jumătatea gătitului.

4. Între timp, pentru crema de lămâie afumată, combinați crema de caju, condimentele afumate și coaja de lămâie într-un castron mic.

5. Cu ajutorul unei furculițe, tăiați peștele în bucăți. Acoperiți foile de unt cu pește, avocado și felii de roșii; se presară cu coriandru. Stropiți tacos cu Smoky Lime Creme. Serviți cu felii de lămâie pentru a le stoarce peste tacos.

BAZĂ DE COAJĂ DE MIGDALE

PREGATIRE: 15 minute de gătit: 3 minute randament: 2 porții

DOAR NIȘTE FĂINĂ DE MIGDALESERVIT CU MAIONEZA CREMOASA SI UN STROP DE LAMAIE PROASPATA, ACEST PESTE PRAJIT SUPER RAPID ARE O CRUSTA FRUMOASA DEASUPRA.

12 grame file de limbă proaspăt sau congelat

1 lingura de lamaie si condiment (vezi reteta).veniturile)

¼ până la ½ linguriță de piper negru

⅓ cană făină de migdale

2 până la 3 linguri de ulei de măsline

¼ cană Paleo Mayo (vezi rețeta)veniturile)

1 lingurita marar proaspat tocat

felii de lamaie

1. Decongelati pestele daca este congelat. spălați peștele; se usucă cu un prosop de hârtie. Într-un castron mic, combinați condimentele de lemongrass și chili. Ungeți ambele părți ale fileurilor cu amestecul de condimente și apăsați ușor pentru a adera. Întindeți făina de migdale pe o farfurie mare. Presărați o parte a fiecărui file cu făină de migdale și apăsați ușor pentru a adera.

2. La foc mediu-mare, încălziți suficient ulei într-o tigaie suficient de mare încât să acopere tigaia. Adăugați peștele, acoperit cu partea în jos. Gatiti 2 minute. Întoarceți cu grijă peștele; Gătiți încă 1 minut sau până când peștele începe să se fulg când este testat cu o furculiță.

3. Pentru dressing, combinați Paleo Mayo și mararul într-un castron mic. Serviți peștele cu sos și felii de lămâie.

PACHETE DE COD LA GRATAR SI DOVLECEL CU SOS PICANT DE BUSUIOC MANGO

PREGATIRE:20 de minute la grătar: Rezultat în 6 minute: 4 porții

1 până la 1 ½ kilograme de cod proaspăt sau congelat, de ½ până la 1 inch grosime
4 coli de 24 inchi lungime pe 12 inchi lățime
1 dovlecel mediu, tăiat fâşii julienne
Condimente de iarbă de lămâie (vezi veniturile)
¼ cană Chipotle Paleo Mayo (vezi rețeta) veniturile)
1 până la 2 linguri piure de mango copt*
1 lingura suc proaspat de lamaie sau lime sau otet de vin de orez
2 linguri busuioc proaspăt tocat

1. Decongelati pestele daca este congelat. spălați peștele; se usucă cu un prosop de hârtie. Tăiați peștele în patru bucăți.

2. Îndoiți fiecare bucată de folie în jumătate pentru a face un pătrat de 12 inci cu grosimea dublă. Așezați o bucată de pește în centrul pătratului de folie de aluminiu. Acoperiți un sfert din dovleac. Stropiți cu lămâie şi condimente cu ierburi. Luați două părți opuse ale foliei și pliați-o de câteva ori peste dovlecel şi pește. Îndoiți capetele foliei de aluminiu. Repetați pentru a face încă trei pachete. Pentru dressing, combinați Chipotle Paleo Mayo, mango, suc de lime şi busuioc într-un castron mic; pune deoparte.

3. Pentru un grătar cu cărbune sau pe gaz, puneți pachetele direct pe un grătar uns cu ulei la foc mediu. Acoperiți şi grătarul timp de 6 până la 9 minute, sau până când fulgii de pește şi dovleceii sunt crocanți când sunt testați cu o

furculiță (deschideți cu atenție pachetul pentru a verifica starea de coacere). Nu întoarceți pachetele cu susul în jos în timp ce faceți grătar. Acoperiți fiecare porție cu sos.

*Sfat: Pentru piureul de mango, amestecați ¼ de cană de mango tocat și 1 lingură de apă într-un blender. Acoperiți și amestecați până la omogenizare. Adăugați piureul de mango rămas la un smoothie.

COD BRACONAT ÎN STIL RIESLING CU ROȘII UMPLUTE CU PESTO

PREGATIRE:30 de minute de gătit: 10 minute: 4 porții

1 până la 1 ½ kilograme de file de cod proaspăt sau congelat, de aproximativ 1 inch grosime

4 roșii Romano

3 linguri pesto de busuioc (vezi reteta)veniturile)

¼ lingurita piper negru macinat

1 cană de Riesling uscat sau Sauvignon Blanc

1 crenguță de cimbru proaspăt sau ½ linguriță de cimbru uscat (zdrobit)

1 frunză de dafin

½ pahar de apă

2 linguri de arpagic tocat

felii de lamaie

1. Decongelati pestele daca este congelat. Tăiați roșiile în jumătate pe orizontală. Răzuiți semințele și o parte din pulpă. (Dacă este necesar, tăiați o felie foarte subțire de la capătul roșiei pentru a o menține plat, aveți grijă să nu faceți găuri în fund.) Puneți puțin pesto pe ambele jumătăți de roșie; se presara cu piper crapat; pune deoparte.

2. Spălați peștele; se usucă cu un prosop de hârtie. Tăiați peștele în patru bucăți. Puneți un coș de aburi într-o oală mare cu un capac etanș. Adăugați aproximativ ½ inch de apă în tigaie. A fierbe; reduceți căldura la mediu. Așezați roșiile în coș cu marginile tăiate în sus. Închideți capacul și gătiți la abur timp de 2 până la 3 minute sau până când se încălzește.

3. Scoateți roșiile într-o farfurie; acoperiți pentru a se menține cald. Scoateți coșul pentru aburi din oală; Aruncă apă. Adăugați în tigaie vinul, cimbrul, frunza de dafin și ½ cană de apă. A fierbe; Reduceți căldura la mediu-scăzut. Adăugați peștele și ceapa. Gătiți, acoperit, timp de 8 până la 10 minute, sau până când peștele începe să se descuie când este testat cu o furculiță.

4. Turnați puțin din lichidul din tigaie peste pește. Serviți peștele cu sos pesto, roșii și felii de lămâie.

COD PRĂJIT CU CRUSTĂ DE FISTIC ȘI CORIANDRU PE CARTOFI DULCI ZDROBIȚI

PREGATIRE: 20 minute Fierbere: 10 minute Coacere: 4 până la 6 minute pe ½ inch grosime Face: 4 porții

1 până la 1 ½ kilograme de cod proaspăt sau congelat

Ulei de măsline sau de nucă de cocos rafinat

2 linguri praf de arahide, nuci sau migdale

1 albus de ou

½ lingurita coaja de lamaie rasa fin

1,5 kilograme de cartofi dulci, decojiți și tăiați bucăți

2 catei de usturoi

1 lingura de ulei de cocos

1 lingura de ghimbir proaspat ras

½ linguriță de chimen măcinat

¼ cană lapte de cocos (cum ar fi Nature's Way)

4 lingurite Pesto de Coriandru sau Pesto de Busuioc (vezi reteta).ei vin)

1. Decongelati pestele daca este congelat. Preîncălziți broilerul. Răziți grăsimea în tigaia pentru broiler. Combinați nucile măcinate, albușurile și coaja de lămâie într-un castron mic; pune deoparte.

2. Pentru piureul de cartofi dulci, gătiți cartofii dulci și usturoiul într-o cratiță medie peste suficientă apă clocotită pentru a acoperi timp de 10 până la 15 minute sau până când se înmoaie. Drenaj; Puneți cartofii dulci și usturoiul în tigaie. Piure cartofii dulci cu un piure de cartofi. Se amestecă 1 lingură de ulei de cocos, ghimbir și chimen. Pasează laptele de cocos până când este ușor și aerisit.

3. Spălați peștele; se usucă cu un prosop de hârtie. Taiati pestele in patru bucati si asezati pe gratarul neincalzit pregatit pe o tava de copt. Îndoiți sub marginile subțiri. Ungeți fiecare mușcătură cu pesto de coriandru. Se toarnă amestecul de alune peste pesto și se întinde cu grijă. Peștele la grătar la 4 inci de căldură timp de 4 până la 6 minute pe ½ inch grosime sau până când peștele începe să se descuie când este testat cu o furculiță, acoperind cu folie în timpul gătirii dacă stratul începe să se ardă. Serviți peștele cu cartofi dulci.

COD ROZMARIN SI MANDARINA CU BROCCOLI PRAJIT

PREGATIRE:15 minute Marinare: până la 30 minute Coacere: 12 minute Randament: 4 porții

1 până la 1 ½ kilograme de cod proaspăt sau congelat
1 lingurita coaja de mandarina rasa fin
½ pahar de mandarină proaspătă sau suc de portocale
4 c. supa de ulei de masline
2 lingurite rozmarin proaspat tocat
¼ până la ½ linguriță piper negru măcinat
1 lingurita coaja de mandarina rasa fin
3 cesti buchetele de broccoli
¼ lingurita de ardei rosu macinat
Felii de mandarină, semințele îndepărtate

1. Preîncălziți cuptorul la 450°F. Dezghețați peștele dacă este înghețat. spălați peștele; se usucă cu un prosop de hârtie. Tăiați peștele în patru bucăți. Măsurați grosimea peștelui. Combinați coaja de mandarine, sucul de mandarine, 2 linguri de ulei de măsline, rozmarin și piper negru într-o farfurie mică. adăugați pește. Închideți capacul și marinați la frigider până la 30 de minute.

2. Într-un castron mare, amestecați broccoli cu cele 2 linguri rămase de ulei de măsline și ardei roșu zdrobit. Se pune într-un material refractar de 2 litri.

3. Ungeți ușor o tigaie puțin adâncă cu ulei de măsline suplimentar. Scurgeți peștele, rezervați marinada. Puneți peștele în tigaie, îndoind marginile subțiri. Puneți peștele și broccoli la cuptor. Prăjiți broccoli timp de 12 până la 15 minute sau până când devine crocant, amestecând o dată

la jumătatea gătitului. Peștele la grătar timp de 4 până la 6 minute pe ½ inch de grosime a peștelui sau până când peștele începe să se descuie când este testat cu o furculiță.

4. Fierbeți murăturile rezervate într-o oală mică; Gatiti 2 minute. Se toarnă sosul de marinadă peste peștele fiert. Serviți peștele cu broccoli și felii de mandarină.

SALATA DE COD CU CURRY WRAPS CU RIDICHI MURATA

PREGATIRE:20 minute odihnă: 20 minute gătit: 6 minute Randament: 4 porțiiFOTOGRAFIE

- 1 kg file de cod proaspăt sau congelat
- 6 ridichi tocate grosier
- 6 până la 7 linguri de oțet de mere
- ½ linguriță de ardei roșu măcinat
- 2 linguri ulei de cocos nerafinat
- ¼ cană unt de migdale
- 1 catel de usturoi, tocat marunt
- 2 lingurite de ghimbir ras fin
- 2 c. supa de ulei de masline
- 1 ½ până la 2 lingurițe de pudră de curry nesărat
- 4 până la 8 frunze crocante de salată sau frunze de romaine
- 1 ardei roșu, tăiat fâșii julienne
- 2 linguri coriandru proaspat tocat

1. Decongelati pestele daca este congelat. Într-un castron mediu, combina ridichile, 4 linguri de oțet și ¼ de linguriță de ardei roșu zdrobit; se lasa sa stea 20 de minute, amestecand din cand in cand.

2. Pentru sosul de unt de migdale, topește uleiul de cocos într-o cratiță mică la foc mic. Amestecați pasta de migdale până la omogenizare. Adăugați usturoiul, ghimbirul și ¼ de linguriță de ardei roșu zdrobit. Se ia de pe foc. Adăugați restul de 2 până la 3 linguri de oțet de mere, amestecați până la omogenizare; pune deoparte. (Sosul se va îngroșa ușor când se adaugă oțetul.)

3. Spălați peștele; se usucă cu un prosop de hârtie. Încinge uleiul și face curry într-o tigaie mare la foc mediu.

Adăugați pește; Gătiți 3 până la 6 minute sau până când peștele începe să se fulge când este testat cu o furculiță, întorcându-se o dată la jumătatea gătitului. Folosiți două furculițe și curățați grosier peștele.

4. Scurge ridichile; aruncați muratul. Pe fiecare frunză de salată se pune pește, fâșii de ardei roșu, amestec de ridichi și puțin sos de unt de migdale. Se presară cu coriandru. Înfășurați folia în jurul umpluturii. Asigurați capacul cu scobitori de lemn, dacă doriți.

EGLEFIN PRĂJIT CU LĂMÂIE ȘI FENICUL

PREGATIRE:Coaceți 25 de minute: 50 de minute: 4 porții

TOȚI AU EGLEFIN, COD ȘI CODCARNE ALBĂ FERMĂ, CU O AROMĂ BLÂNDĂ. ELE POT FI ÎNLOCUITE ÎN MAJORITATEA REȚETELOR PENTRU ACEST FEL SIMPLU DE PEȘTE PRĂJIT ȘI LEGUME, INCLUSIV IERBURI ȘI VIN.

- 4 fileuri de eglefin, pollock sau cod proaspăt sau congelat de 6 uncii, de aproximativ ½ inch grosime
- 1 bulb mare de fenicul, fără sămânță și feliat, frunzele îndepărtate și tocate
- 4 morcovi medii, tăiați în jumătate pe verticală și tăiați în bucăți de 2 până la 3 inci
- 1 ceapa rosie, taiata in jumatate si feliata
- 2 catei de usturoi, tocati marunt
- 1 lămâie, feliată subțire
- 3 c. supa de ulei de masline
- ½ lingurita piper negru
- ¾ pahar de vin alb sec
- 2 linguri patrunjel proaspat tocat marunt
- 2 linguri de frunze proaspete de fenicul tocate
- 2 lingurite coaja de lamaie rasa fin

1. Decongelati pestele daca este congelat. Preîncălziți cuptorul la 400°F. Combinați feniculul, morcovii, ceapa, usturoiul și feliile de lămâie într-un vas dreptunghiular de 3 litri. Stropiți cu 2 linguri de ulei de măsline și stropiți cu ¼ linguriță de piper; aruncă-l în jachetă. Turnați vinul în butoi. Acoperiți vasul cu folie de aluminiu.

2. Coaceți timp de 20 de minute. a descoperi; Se amestecă amestecul de legume. Prăjiți încă 15 până la 20 de minute sau până când legumele sunt moi și crocante. Se amestecă

amestecul de legume. Presărați ¼ de linguriță de piper rămas peste pește; Peste amestecul de legume se pune pestele. Stropiți peste 1 lingură de ulei de măsline rămasă. Gătiți timp de aproximativ 8 până la 10 minute sau până când peștele începe să se descuie când este testat cu o furculiță.

3. Amesteca patrunjelul, frunzele de fenicul si coaja de lamaie intr-un castron mic. Pentru a servi, împărțiți amestecul de pește și legume în farfurii de servire. Turnați sucul din tigaie peste pește și legume. Se presara deasupra amestecul de patrunjel.

SNAPPER CU COAJĂ DE NUCĂ CU REMOULADE ȘI BAME ȘI ROȘII ÎN STIL CAJUN

PREGATIRE:1 oră Coacere: 10 minute Coacere: 8 minute Randament: 4 porții

ACEST FEL DE MÂNCARE DIN PEȘTE ESTE DEMN DE PRIETENIEESTE NEVOIE DE PUȚIN TIMP PENTRU A FACE, DAR AROMELE BOGATE MERITĂ. REMOULADE, UN SOS PE BAZA DE MAIONEZA CU MUSTAR, LAMAIE SI CONDIMENTE CAJUN SI CONFETTI CU ARDEI ROSU TOCAT, CEAPA SI PATRUNJEL, SE POATE PREPARA CU O ZI INAINTE SI SE LASA LA FRIGIDER.

- 4 c. supa de ulei de masline
- ½ cana nuci tocate marunt
- 2 linguri patrunjel proaspat tocat
- 1 lingura de cimbru proaspat tocat
- 2 file de roșu de 8 uncii, grosime de ½ inch
- 4 lingurite condimente cajun (vezi reteta)<u>veniturile</u>)
- ½ cană ceapă tocată
- ½ cană de ardei verde tocat
- ½ cană țelină tocată
- 1 lingura de usturoi tocat marunt
- 1 kilogram de păstăi de bame proaspete, tăiate în felii groase de 1 inch (sau sparanghel proaspăt, tăiate în lungimi de 1 inch)
- 8 uncii de roșii cherry sau struguri (tăiate la jumătate)
- 2 lingurite de cimbru proaspat tocat
- piper negru
- Rémoulade (vezi rețeta în dreapta)

1. Încinge 1 lingură de ulei de măsline într-o tigaie de mărime medie la foc mediu. Adăugați nucile și agitați cca. Se amestecă constant timp de 5 minute sau până când devine

auriu şi parfumat. Transferaţi alunele într-un castron mic şi lăsaţi să se răcească. Se adauga patrunjel si cimbru si se lasa deoparte.

2. Preîncălziţi cuptorul la 400°F. Tapetaţi o tavă de copt cu hârtie de copt sau folie de aluminiu. Aşezaţi fileurile de bric, cu pielea în jos, pe tava de copt şi presăraţi fiecare cu 1 linguriţă de condiment cajun. Folositi o pensula si ungeti fileurile cu 2 linguri de ulei de masline. Distribuiţi amestecul de alune uniform între fileuri, apăsând uşor alunele pe suprafaţa peştelui, astfel încât să se lipească. Dacă este posibil, acoperiţi toate zonele expuse ale fileului de peşte cu alune. Gătiţi peştele timp de 8 până la 10 minute sau până când se fulge uşor cu vârful unui cuţit.

3. Încinge restul de 1 lingură de ulei de măsline într-o tigaie mare la foc mediu-mare. Adăugaţi ceapa, ardeiul roşu, ţelina şi usturoiul. Gatiti si amestecati timp de 5 minute sau pana cand legumele sunt moi si crocante. Adăugaţi okra felii (sau sparanghelul, dacă folosiţi) şi roşiile; Gătiţi 5 până la 7 minute sau până când okra este fragedă şi roşiile încep să se despartă. Se ia de pe foc si se condimenteaza cu cimbru si piper negru. Serveşte legumele cu snappers şi Rémoulade.

Remouladă: Într-un robot de bucătărie, se presează ½ cană de ardei gras roşu tocat, ¼ de cană de ceapă tocată şi 2 linguri de pătrunjel proaspăt tocat până se face bine. Adăugaţi ¼ de cană Paleo Mayo (vezi reţeta).veniturile), ¼ cană muştar stil Dijon (vezi reţeta).veniturile), 1½ linguriţă de suc de lămâie şi ¼ de linguriţă de condimente cajun (vezi reţeta).veniturile). Lovitură pentru combină.

Transferați într-un bol și lăsați să se răcească până la servire. (Remoulade poate fi făcută cu 1 zi înainte și păstrată la frigider.)

FRIPTURA DE TON TARHON CU AIOLI DE LAMAIE SI AVOCADO

PREGATIRE:25 minute timp de gătire: 6 minute Randament: 4 porțiiFOTOGRAFIE

PE LÂNGĂ SOMON, TONUL ESTE ŞI UNESTE UNA DINTRE SPECIILE RARE DE PEŞTE CARE POATE FI TOCATĂ FIN ŞI MODELATĂ ÎN HAMBURGERI. AVEŢI GRIJĂ SĂ NU SUPRAPROCESAŢI TONUL ÎN ROBOTUL DE BUCĂTĂRIE; SUPRAPROCESAREA FACE DIFICILĂ.

- 1 kilogram de file de ton proaspăt sau congelat fără piele
- 1 albus de ou, batut usor
- ¾ cană făină de in auriu măcinat
- 1 lingura tarhon sau marar proaspat tocat
- 2 linguri arpagic proaspat tocat
- 1 lingurita coaja de lamaie rasa fin
- 2 linguri ulei de seminte de in, ulei de avocado sau ulei de masline
- 1 avocado mediu, fără seminţe
- 3 linguri Paleo Mayo (vezi reteta).veniturile)
- 1 lingurita coaja de lamaie rasa fin
- 2 linguriţe de suc proaspăt de lămâie
- 1 catel de usturoi, tocat marunt
- 4 uncii de spanac pentru copii (aproximativ 4 căni bine împachetate)
- ⅓ cana sos de usturoi prajit (vezi reteta)veniturile)
- 1 măr Granny Smith, fără miez şi tăiat în bucăţi de mărimea unui chibrit
- ¼ cana nuci prajite tocate (vezi reteta)sfaturi)

1. Decongelati pestele daca este congelat. spălaţi peştele; se usucă cu un prosop de hârtie. Tăiaţi peştele în bucăţi de 1,5 cm. Puneţi peştele într-un robot de bucătărie; Puls pornire/oprire până se toacă mărunt. (Aveţi grijă să nu

gătiți prea mult sau burgerul va deveni dur.) Puneți peștele deoparte.

2. Într-un castron mediu, amestecați albușurile, ¼ de cană de făină de in, tarhonul, arpagicul și coaja de lămâie. Adăugați pește; amestecați ușor pentru a se combina. Formați amestecul de pește în patru chifle groase de ½ inch.

3. Puneți ½ cană rămasă de făină de semințe de in într-un vas puțin adânc. Înmuiați chiftelele în amestecul de semințe de in, întorcându-le pentru a se acoperi uniform.

4. Încinge uleiul într-o oală mare la foc mediu. Prăjiți fripturile de ton în ulei încins timp de 6 până la 8 minute sau până când un termometru introdus orizontal în chifteluțe înregistrează 160 ° F, întorcându-se o dată la jumătatea timpului de gătit.

5. Între timp, pentru aïoli, zdrobiți avocado într-un castron mediu folosind o furculiță. Adăugați Paleo Mayo, coaja de lămâie, suc de lămâie și usturoi. Se framanta pana se omogenizeaza bine si aproape omogen.

6. Pune spanacul într-un castron mediu. Stropiți spanacul cu sos de usturoi prăjit; aruncă-l în jachetă. Pentru fiecare porție, puneți un burger de ton și un sfert de spanac pe o farfurie de servire. Ungeți tonul cu puțin alioli. Se ornează spanacul cu mere și nuci. Serviți imediat.

TAJINE DE BAS ÎN DUNGI

PREGATIRE:50 de minute Răcire: 1 până la 2 ore Coacere: 22 minute Coacere: 25 minute
Randament: 4 porții

ESTE NUMELE UNEI ETICHETEATÂT UN FEL DE PREPARAT NORD-AFRICAN (UN TIP DE TOCANĂ), CÂT ȘI TIGAIA ÎN FORMĂ DE CON ÎN CARE ESTE GĂTIT. DACĂ NU AVEȚI UNA, O TIGAIE ACOPERITĂ FUNCȚIONEAZĂ BINE. CHERMOULA ESTE O PASTĂ GROASĂ DE PLANTE ORIGINARĂ DIN AFRICA DE NORD ȘI FOLOSITĂ MAI ALES CA MARINADĂ PENTRU PEȘTE. SERVEȘTE ACEST FEL DE MÂNCARE DE PEȘTE COLORAT CU PIURE DE CARTOFI DULCI SAU CONOPIDĂ.

4 file de biban de mare sau halibut proaspăt sau congelat de 6 uncii, fără piele

1 buchet coriandru, tocat

1 lingurita coaja de lamaie rasa fin (da deoparte)

¼ cană suc proaspăt de lămâie

4 c. supa de ulei de masline

5 catei de usturoi, tocati marunt

4 lingurite chimen macinat

2 lingurite de ardei rosu dulce

1 lingurita coriandru macinat

¼ lingurita de anason macinat

1 ceapa mare, curatata de coaja, taiata in jumatate si taiata felii subtiri

1 cutie de 15 uncii roșii prăjite la foc fără sare tăiate cubulețe, nescurcate

½ cană bulion de oase de pui (vezi rețetă).veniturile) sau bulion de pui nesarat

1 ardei gras galben mare, fără semințe și tăiat în fâșii de ½ inch

1 ardei portocaliu mare, fără semințe și tăiat în fâșii de ½ inch

1. Decongelati pestele daca este congelat. spălați peștele; se usucă cu un prosop de hârtie. Puneți fileurile de pește într-o tavă de copt, nemetalică, mică. Pune peștele deoparte.

2. Pentru chermoula, combinați coriandru, sucul de lămâie, 2 linguri de ulei de măsline, 4 căței de usturoi tocați, chimen, boia de ardei, coriandru și anason într-un blender sau robot de bucătărie mic. Acoperiți și procesați până la omogenizare.

3. Turnați jumătate din chermoula peste pește, întorcându-l pe ambele părți. Acoperiți și lăsați la frigider pentru 1 până la 2 ore. Acoperiți cu chermoula rămasă; se lasa la temperatura camerei pana la nevoie.

4. Preîncălziți cuptorul la 325°F. Încinge restul de 2 linguri de ulei într-o tigaie mare la foc mediu-mare. Adăugați ceapa; Gatiti si amestecati timp de 4 pana la 5 minute sau pana se inmoaie. Se amestecă 1 cățel de usturoi tocat; Gatiti si amestecati 1 minut. Adăugați chermoula rezervată, roșiile, supa de oase de pui, fâșii de ardei roșu și coaja de lămâie. A fierbe; reduce caldura. Gatiti descoperit timp de aproximativ 15 minute. Transferați amestecul într-un tajine, dacă doriți; Acoperiți cu pește și chermoula rămasă pe farfurie. A acoperi; Coaceți timp de 25 de minute. Serviți imediat.

HALIBUT CU USTUROI ȘI SOS DE CREVEȚI CU VERDEAȚĂ SOFFRITO

PREGATIRE:30 de minute de gătit: 19 minute: 4 porții

EXISTĂ MAI MULTE SURSE ȘI TIPURI DIFERITE DE HALIBUT.ȘI POT FI DE CALITATE FOARTE DIFERITĂ ȘI POT FI PESCUIȚI ÎN CONDIȚII FOARTE DIFERITE. DURABILITATEA PEȘTELUI, MEDIUL ÎN CARE TRĂIEȘTE ȘI CONDIȚIILE ÎN CARE ESTE CRESCUT/PESCUIT SUNT FACTORI CARE DETERMINĂ CE PEȘTI SUNT ALEGERI BUNE PENTRU CONSUM. VIZITAȚI SITE-UL MONTEREY BAY AQUARIUM (WWW.SEAFOODWATCH.ORG) PENTRU CELE MAI RECENTE INFORMAȚII DESPRE CE PEȘTI SĂ MĂNÂNCI ȘI PE CARE SĂ EVIȚI.

- 4 fileuri de halibut proaspete sau congelate de 6 uncii, de aproximativ 1 inch grosime
- piper negru
- 6 linguri de ulei de măsline extravirgin
- ½ cana ceapa tocata marunt
- ¼ cană de ardei roșu tocat
- 2 catei de usturoi, tocati marunt
- ¾ linguriță boia spaniolă afumată
- ½ linguriță de cimbru proaspăt tocat
- 4 căni de kale, tulpini tăiate, tăiate în fâșii de ¼ inch grosime (aproximativ 12 uncii)
- ⅓ pahar cu apă
- 8 uncii de creveți medii, decojiți, devenați și tăiați grosier
- 4 catei de usturoi, taiati felii subtiri
- ¼ până la ½ linguriță de ardei roșu măcinat
- ⅓ cană de sherry uscat
- 2 linguri suc de lamaie
- ¼ cană pătrunjel proaspăt tocat

1. Decongelati pestele daca este congelat. spălați peștele; se usucă cu un prosop de hârtie. Presărați peștele cu piper. Încinge 2 linguri de ulei de măsline într-o tigaie mare la foc mediu. Adăugați fileuri; Coaceți timp de 10 minute sau până când devine auriu și fulgerător când se testează cu o furculiță, întorcându-se o dată la jumătatea gătitului. Transferați peștele pe o farfurie și acoperiți cu folie de aluminiu pentru a se menține cald.

2. Între timp, încălziți 1 lingură de ulei de măsline într-o altă tigaie mare la foc mediu. Se adauga ceapa, ardeiul, 2 catei de usturoi tocati, ardeiul rosu si cimbru; Gatiti si amestecati 3 pana la 5 minute sau pana se inmoaie. Se amestecă varza și apa. Acoperiți și gătiți, amestecând ocazional, timp de 3 până la 4 minute sau până când lichidul s-a evaporat și legumele sunt fragede. Se acopera si se tine la cald pana la servire.

3. Pentru sosul de creveți, adăugați restul de 3 linguri de ulei de măsline în tigaia în care a fiert peștele. Adăugați creveții, 4 căței de usturoi feliați și ardeiul roșu măcinat. Gatiti si amestecati 2-3 minute sau pana cand usturoiul incepe sa se rumeneasca. Adăugați creveții; Gătiți până când creveții sunt tari și roz, 2 până la 3 minute. Se amestecă sherry și sucul de lămâie. Gătiți 1 până la 2 minute sau până când se reduce ușor. Adăugați pătrunjel.

4. Împărțiți sosul de creveți între fileuri. Serviți cu legume.

BOUILLABAISSE CU FRUCTE DE MARE

DE LA INCEPUT PANA LA SFARȘIT: 1¾ ORA SE OBȚINE: 4 PORȚII

CA ȘI CIOPPINO ITALIAN, ACEASTĂ CASEROLĂ FRANCEZĂ CU FRUCTE DE MAREPEȘTELE ȘI CRUSTACEELE PAR SĂ REPREZINTE O SELECȚIE A CAPTURII ZILEI ARUNCATE ÎNTR-O TIGAIE CU USTUROI, CEAPĂ, ROȘII ȘI VIN. DAR GUSTUL CARACTERISTIC AL BOUILLABAISSE ESTE COMBINAȚIA DE AROME DE ȘOFRAN, ANASON ȘI COAJĂ DE PORTOCALĂ.

- 1 kilogram de fileuri de halibut fără piele, proaspete sau congelate, tăiate în bucăți de 1 inch
- 4 c. supa de ulei de masline
- 2 cani de ceapa tocata
- 4 catei de usturoi, macinati
- 1 cap de fenicul, fără sămânță și tocat
- 6 roșii rom tocate
- ¾ cană bulion de oase de pui (vezi rețetă).veniturile) sau bulion de pui nesarat
- ¼ pahar de vin alb sec
- 1 cana ceapa tocata marunt
- 1 cap de fenicul, fara samburi si tocat marunt
- 6 catei de usturoi, tocati marunt
- 1 portocală
- 3 rosii roma, tocate marunt
- 4 vârfuri de șofran
- 1 lingura de cimbru proaspat tocat
- 1 kilogram de scoici cu gât mic, curățate și clătite
- 1 kilogram de scoici, cu barba îndepărtată, periate și clătite (vezi rețeta).sfaturi) cimbru proaspăt tocat fin (opțional)

1. Dacă halibutul este înghețat, dezghețați-l. spălați peștele; se usucă cu un prosop de hârtie. Pune peștele deoparte.

2. Încinge 2 linguri de ulei de măsline într-un cuptor olandez de 6 până la 8 litri la foc mediu. Adăugați în tigaie 2 căni de ceapă tocată, 1 cap de fenicul tocat și 4 căței de usturoi mărunțiți. Gatiti, amestecand ocazional, timp de 7 pana la 9 minute sau pana ce ceapa se inmoaie. Se adauga 6 rosii tocate si 1 fenicul tocat; Gatiti inca 4 minute. Adăugați bulion de oase de pui și vin alb în tigaie; Gatiti 5 minute; răcoriți-vă puțin. Transferați amestecul de legume într-un blender sau robot de bucătărie. Acoperiți și amestecați sau procesați până la omogenizare; pune deoparte.

3. Încălziți restul de 1 lingură de ulei de măsline în același cuptor olandez la foc mediu. Adaugati 1 cana de ceapa tocata marunt, 1 cap de fenicul tocat marunt si 6 catei de usturoi tocati. Gatiti la foc mediu, amestecand continuu, timp de 5 pana la 7 minute sau pana cand sunt aproape fragezi.

4. Cu ajutorul unui curățător de legume, îndepărtați coaja de portocală în fâșii largi; pune deoparte. Adăugați amestecul de legume piure, 3 roșii tăiate cubulețe, șofranul, cimbru și coaja de portocală la cuptorul olandez. A fierbe; reduceți căldura pentru a menține fierberea. Adăugați stridii, midii și pește; Amestecați ușor pentru a acoperi peștele cu sosul. Reglați căldura după cum este necesar pentru a menține fierberea. Acoperiți și gătiți până când scoicile și scoicile se deschid și peștele începe să se descuie când este testat cu o furculiță, 3 până la 5 minute. Pentru a servi, turnați în boluri puțin adânci. Stropiți cu cimbru suplimentar dacă doriți.

CEVICHE CLASIC DE CREVEȚI

PREGATIRE: 20 de minute de gătit: 2 minute de răcire: 1 oră în picioare: 30 de minute
Randament: 3 până la 4 porții

ACEST FEL DE MÂNCARE DIN AMERICA LATINĂ ESTE O EXPLOZIEAROME ȘI TEXTURI. CASTRAVEȚI ȘI ȚELINĂ CROCANȚI, AVOCADO CREMOS, JALAPENO IUTE ȘI PICANT ȘI CREVEȚI DULCI ȘI FRAGEZI SUNT GĂTIȚI ÎN SUC DE LĂMÂIE ȘI ULEI DE MĂSLINE. ÎN CEVICHEUL TRADIȚIONAL, ACIDUL DIN SUCUL DE LIME „GĂTEȘTE" CREVEȚII; DAR O BAIE RAPIDĂ ÎN APĂ CLOCOTITĂ NU LASĂ NIMIC LA VOIA ÎNTÂMPLĂRII ȘI NU VA STRICA AROMA SAU TEXTURA CREVEȚILOR, PENTRU ORICE EVENTUALITATE.

1 kilogram de creveți medii proaspeți sau congelați, curățați și cântăriți, coada îndepărtată

½ castravete, curatat de coaja, fara samburi si tocat

1 cana telina tocata

½ ceapa rosie mica tocata

1 până la 2 jalapeno, fără semințe și tocate (vezi rețeta).sfaturi)

½ cană suc proaspăt de lămâie

2 roșii rom, tocate

1 avocado, tăiat în jumătate, fără semințe, curățat și tocat

¼ cană coriandru proaspăt tocat

3 c. supa de ulei de masline

½ lingurita piper negru

1. Decongelați creveții dacă sunt înghețați. Curățați și tăiați creveții; Scoateți cozile. Spălați creveții; se usucă cu un prosop de hârtie.

2. Umpleți o oală mare cu apă pe jumătate. A fierbe. Adăugați creveții în apa clocotită. Gătiți, neacoperit, 1 până la 2 minute sau până când creveții devin opace; drenaj. Spălați

creveții sub apă rece și scurgeți din nou. Tăiați creveții în cuburi.

3. Combinați creveții, castraveții, țelina, ceapa, jalapeno și sucul de lămâie într-un castron mare nereactiv. Acoperiți și lăsați la frigider pentru 1 oră, amestecând o dată sau de două ori.

4. Adăugați roșiile, avocado, coriandru, ulei de măsline și piper negru. Acoperiți și lăsați să stea la temperatura camerei timp de 30 de minute. Se amestecă ușor înainte de servire.

SALATĂ DE CREVEȚI ȘI SPANAC CU NUCĂ DE COCOS

PREGATIRE:25 de minute de gătit: 8 minute: 4 porțiiFOTOGRAFIE

CUTII CU SPRAY PENTRU ULEI DE MĂSLINE PRODUSE COMERCIALPOATE CONȚINE ALCOOL DE CEREALE, LECITINĂ ȘI PROPULSOR; NU ESTE UN AMESTEC BUN ATUNCI CÂND ÎNCERCI SĂ MĂNÂNCI ALIMENTE CURATE, ADEVĂRATE ȘI SĂ STAI DEPARTE DE CEREALE, GRĂSIMI NESĂNĂTOASE, LEGUMINOASE ȘI LACTATE. UN BALSAM DE ULEI FOLOSEȘTE DOAR AER PENTRU A SPARGE ULEIUL ÎNTR-UN SPRAY FIN; PERFECT PENTRU A ACOPERI UȘOR COJILE DE NUCĂ DE COCOS ÎNAINTE DE COACERE.

1 ½ kilograme extra-mari de creveți proaspeți sau congelați cu coajă
Flacon pulverizator Misto umplut cu ulei de măsline extravirgin
2 oua
¾ cană fulgi neindulciți sau nucă de cocos mărunțită
¾ cană făină de migdale
½ cană ulei de avocado sau ulei de măsline
3 linguri de suc proaspăt de lămâie
2 linguri de suc proaspăt de lămâie
2 catei mici de usturoi, tocati marunt
⅛ până la ¼ linguriță de ardei roșu măcinat
8 căni de spanac proaspăt pentru copii
1 avocado mediu, tăiat în jumătate, fără miez, decojit și feliat subțire
1 ardei portocal sau galben mic, tăiat în fâșii subțiri
½ cană ceapă roșie feliată

1. Decongelați creveții dacă sunt înghețați. Curățați și îndepărtați creveții, lăsând cozile intacte. Spălați creveții; se usucă cu un prosop de hârtie. Preîncălziți cuptorul la

450°F. Tapetați o tavă mare de copt cu folie de aluminiu; acoperiți ușor foaia cu ulei pulverizat din sticla Misto; pune deoparte.

2. Bateți ouăle cu o furculiță într-o farfurie mică. Combinați nuca de cocos și făina de migdale într-un alt vas de mică adâncime. Înmuiați creveții în ou și acoperiți. Scufundați-vă în amestecul de nucă de cocos, apăsând pentru a acoperi (lăsați cozile neacoperite). Aranjați creveții într-un singur strat pe foaia de copt pregătită. Acoperiți creveții cu uleiul pulverizat din sticla Misto.

3. Coaceți timp de 8 până la 10 minute sau până când creveții sunt opaci și blatul este ușor auriu.

4. Între timp, pentru dressing, combinați uleiul de avocado, sucul de lămâie, sucul de lămâie, usturoiul și ardeiul roșu zdrobit într-un borcan mic cu capac cu șurub. Acoperiți și agitați bine.

5. Pentru salate, împărțiți spanacul în patru farfurii de servire. Deasupra cu avocado, ardei roșu, ceapă roșie și creveți. Stropiți cu sos și serviți imediat.

CEVICHE CU CREVEȚI TROPICALI ȘI SCOICI

PREGATIRE: 20 de minute Marinare: 30 până la 60 de minute Randament: 4 până la 6 porții

CEVICHE-UL PROASPĂT ȘI UȘOR ESTE O MASĂ BUNĂ PENTRU O NOAPTE FIERBINTE DE VARĂ. CU PEPENE GALBEN, MANGO, ARDEI SERRANO, FENICUL SI SOS DE MANGO SI LAMAIE (VEZI RETETA).VENITURILE), ACEASTA ESTE O VERSIUNE DULCE ȘI CALDĂ A ORIGINALULUI.

- 1 kilogram de scoici proaspete sau congelate
- 1 kilogram de creveți mari proaspeți sau congelați
- 2 cani de pepene galben tocat
- 2 mango medii, fără semințe, decojite și tocate (aproximativ 2 căni)
- 1 cap de fenicul, tăiat, tăiat în sferturi, fără miez și feliat subțire
- 1 ardei gras roșu mediu, tocat (aproximativ ¾ cană)
- 1 până la 2 ardei serrano, fără semințe și feliați subțiri, dacă doriți (vezi rețeta).sfaturi)
- ½ cană coriandru proaspăt ușor împachetat, tocat
- 1 reteta de vinaigreta de mango si lamaie (vezi.veniturile)

1. Decongelați scoici și creveți dacă sunt congelați. Tăiați scoicile în jumătate pe orizontală. Curățați creveții, curățați-i și tăiați-i în jumătate pe orizontală. Spălați scoici și creveți; se usucă cu un prosop de hârtie. Umpleți o oală mare pe trei sferturi cu apă. A fierbe. Adăugați creveții și scoici; Gătiți 3 până la 4 minute sau până când creveții și scoicile sunt opace; Scurgeți și clătiți cu apă rece pentru a se răci rapid. Alergați bine și faceți rezervări.

2. Combinați pepenele galben, mango, fenicul, ardeiul gras, ardeiul serrano și coriandru într-un castron mare.

Adăugați sos de salată de mango-lime; se amestecă ușor pentru a acoperi. Amestecați cu grijă creveții fierți și scoici. Se lasă la marinat la frigider timp de 30 până la 60 de minute înainte de servire.

CREVEȚI JAMAICAN JERK CU ULEI DE AVOCADO

DE LA INCEPUT LA SFARSIT: Randament în 20 de minute: 4 porții

CU UN TOTAL DE 20 DE MINUTE LA MASĂ, ACEST FEL DE MÂNCARE OFERĂ UN ALT MOTIV TENTANT DE A AVEA O MASĂ SĂNĂTOASĂ ACASĂ, CHIAR ȘI ÎN NOPȚILE CELE MAI AGLOMERATE.

1 kilogram de creveți medii proaspeți sau congelați
1 cană mango tocat și decojit (1 mediu)
⅓ cană ceapă roșie feliată subțire
¼ cană coriandru proaspăt tocat
1 lingura de suc proaspat de lamaie
2 până la 3 linguri de condiment pentru jerk jamaican (vezi rețeta).veniturile)
1 lingura ulei de masline extravirgin
2 linguri de ulei de avocado

1. Decongelați creveții dacă sunt înghețați. Într-un castron mediu, combinați mango, ceapa, coriandru și sucul de lămâie.

2. Curățați și tocați creveții. Spălați creveții; se usucă cu un prosop de hârtie. Puneți creveții într-un castron mediu. Se presară cu condiment pentru Jerk Jamaican; Se amestecă pentru a acoperi creveții pe toate părțile.

3. Încinge uleiul de măsline într-o tigaie mare la foc mediu-mare. Adăugați creveții; gătiți și amestecați aproximativ 4 minute sau până când devine opac. Stropiți creveții cu ulei de avocado și serviți cu amestecul de mango.

SCAMPI DE CREVEȚI CU SPANAC OFILIT ȘI RADICCHIO

PREGATIRE: 15 minute de gătit: 8 minute randament: 3 porții

„SCAMPI" SE REFERĂ LA UN FEL DE MÂNCARE CLASIC DE RESTAURANTCREVEȚI MARI SOȚI SAU PRĂJIȚI CU UNT ȘI MULT USTUROI ȘI LĂMÂIE. ACEASTĂ VERSIUNE PICANT DE ULEI DE MĂSLINE ESTE APROBATĂ PALEO ȘI ÎMBOGĂȚITĂ CU NUTRIENȚI CU RADICCHIO ȘI SPANAC PRĂJIȚI RAPID.

1 kilogram de creveți mari proaspeți sau congelați

4 linguri ulei de masline extravirgin

6 catei de usturoi, tocati marunt

½ lingurita piper negru

¼ pahar de vin alb sec

½ cană pătrunjel proaspăt tocat

½ cap de ridichi, fără sămânță și tăiată subțire

½ linguriță de ardei roșu măcinat

9 căni de spanac baby

felii de lamaie

1. Decongelați creveții dacă sunt înghețați. Curățați și îndepărtați creveții, lăsând cozile intacte. Încinge 2 linguri de ulei de măsline într-o tigaie mare la foc mediu-mare. Adaugati crevetii, 4 catei de usturoi tocati si piper negru. Gatiti si amestecati aproximativ 3 minute sau pana cand crevetii devin opace. Transferați amestecul de creveți într-un castron.

2. Adăugați vinul alb în tigaie. Amestecați pentru a slăbi usturoiul rumenit de pe fundul cratiței. Se toarnă vin peste creveți; glisați pentru a se potrivi. Adăugați

pătrunjel. Acoperiți lejer cu folie pentru a se menține cald; pune deoparte.

3. Adăugați în tigaie cele 2 linguri de ulei de măsline rămase, cei 2 căței de usturoi tocați rămași, ridichea și ardeiul roșu zdrobit. Gatiti si amestecati la foc mediu timp de 3 minute sau pana cand radicchio incepe sa se ofileasca. Se amestecă cu grijă spanacul; Gatiti si amestecati inca 1-2 minute sau pana cand spanacul se ofileste.

4. Pentru a servi, împărțiți amestecul de spanac în trei farfurii de servire; turnați amestecul de creveți deasupra. Serviți cu felii de lămâie pentru a le stoarce peste creveți și legume.

SALATĂ DE CRAB CU AVOCADO, GRAPEFRUIT ȘI JICAMA

DE LA INCEPUT LA SFARSIT:Se obtine in 30 de minute: 4 portii

CEL MAI BUN COCOLOAȘ SAU CARNEA DE CRAB DIN SPATE ESTE CEA MAI BUNĂPENTRU ACEASTA SALATA. BUCĂȚILE JUMBO DE CARNE DE CRAB SUNT BUCĂȚI MARI CARE FUNCȚIONEAZĂ BINE ÎN SALATE. BACKFIN ESTE UN AMESTEC DE BUCĂȚI DE CARNE DE CRAB JUMBO ZDROBITE ȘI BUCĂȚI MAI MICI DE CARNE DE CRAB LUATE DIN CORPUL CRABULUI. DEȘI MAI MICĂ DECÂT MIEZUL JUMBO, ÎNOTĂTOAREA DORSALĂ FUNCȚIONEAZĂ FOARTE BINE. CEL MAI BINE ESTE PROASPĂT, DESIGUR, DAR CRABUL CONGELAT DEZGHEȚAT ESTE ȘI O ALTERNATIVĂ BUNĂ.

6 căni de spanac baby

½ jicama medie, curățată și tăiată julien*

2 grapefruit roz sau roșu rubin, decojite, fără semințe și despicate**

2 avocado mici tăiate în jumătate

1 kilogram jumbo jumbo sau carne de crab

Sos de grepfrut și busuioc (vezi rețeta în dreapta)

1. Împărțiți spanacul în patru farfurii de servire. Deasupra cu jicama, bucatele de grapefruit si sucuri acumulate, avocado si carne de crab. Stropiți cu busuioc și sos de grapefruit.

Dressing de busuioc cu grepfrut: Combinați ⅓ cană de ulei de măsline extravirgin într-o cană de sticlă; ¼ pahar de suc proaspăt de grapefruit; 2 linguri de suc proaspăt de portocale; ½ eșalotă mărunțită; 2 linguri busuioc proaspăt tocat; ¼ lingurita de ardei rosu macinat; și ¼ de linguriță de piper negru. Acoperiți și agitați bine.

*Sfat: Un curățător julienne face mai rapid să tăiați jicama în fâșii subțiri.

**Sfat: Pentru a împărți un grapefruit, tăiați o felie de la capătul tulpinii și de la baza fructului. Așezați-l perpendicular pe suprafața de lucru. Pentru a îndepărta coaja în fâșii, tăiați fructele în felii de sus în jos, urmând forma rotundă a fructului. Ținând fructele peste un bol, folosiți un cuțit și tăiați mijlocul pe părțile laterale ale fiecărei bucăți pentru a elibera fructele de miez. Se pun segmentele in vasul cu sucul acumulat. Aruncați măduva.

POACH HOMAR CAJUN CU TARHON AÏOLI

PREGATIRE: 20 de minute de gătit: 30 de minute: 4 porții FOTOGRAFIE

PENTRU O CINĂ ROMANTICĂ ÎN DOI ACEASTĂ REȚETĂ ESTE UȘOR DE TĂIAT ÎN JUMĂTATE. FOLOSEȘTE FOARFECE DE BUCĂTĂRIE FOARTE ASCUȚITE PENTRU A DESCHIDE COAJA COZILOR HOMARULUI ȘI A EXTRAGE CARNEA BOGAT AROMATĂ.

2 rețete de condimente cajun (vezi veniturile)

12 catei de usturoi, curatati de coaja si taiati in jumatate

2 lămâi, tăiate în jumătate

2 morcovi mari, decojiti

2 tulpini de telina, curatate de coaja

2 bulbi de fenicul, feliati subtiri

1 kilogram de ciuperci întregi

4 cozi de homar din Maine de 7 până la 8 uncii

4 frigarui de bambus de 8 inchi

½ cană Paleo Aïoli (Usturoi Mayo) (vezi rețeta).veniturile)

¼ cană muștar de Dijon (vezi rețeta)veniturile)

2 linguri tarhon sau patrunjel proaspat tocat

1. Combinați 6 căni de apă, condimente Cajun, usturoi și lămâi într-o oală de 8 litri. A fierbe; Gatiti 5 minute. Reduceți căldura pentru a lăsa lichidul să fiarbă.

2. Tăiați morcovii și țelina în patru bucăți pe diagonală. Adăugați morcovii, țelina și feniculul în lichid. Închideți capacul și gătiți timp de 10 minute. Adăugați ciupercile; acoperiți și gătiți timp de 5 minute. Utilizați o lingură cu fantă pentru a transfera legumele într-un castron; stați cald.

3. Începând de la capătul corpului fiecărei cozi de homar, glisați o frigărui între carne și coajă aproape până la vârful cozii. (Acest lucru va împiedica coada să se încurce în timpul gătitului.) Reduceți căldura. Gătiți cozile de homar în tigaia cu lichid clocotit timp de 8 până la 12 minute sau până când cojile devin roșii și carnea este fragedă când este străpunsă cu o furculiță. Scoateți homarul din lichidul de gătit. Folosiți un prosop de bucătărie pentru a ține cozile homarului și scoateți și aruncați frigăruile.

4. Într-un castron mic, amestecați Paleo Aïoli, muștarul de Dijon și tarhonul. Se serveste cu homar si legume.

MIDII PRAJITE CU AÏOLI DE SOFRAN

DE LA INCEPUT PANA LA SFARSIT: 1¼ ORA RANDAMENT: 4 PORȚII

VERSIUNEA PALEO A ACESTUI CLASIC FRANCEZMIDIILE ABURITE CU VIN ALB ȘI IERBURI SUNT SERVITE CU CARTOFI PRAJIȚI SUBȚIRI, CROCANȚI, DIN CARTOFI ALBI. ARUNCAȚI SCOICILE CARE NU SE INCHID PANA NU SUNT FIERTE ȘI SCOICILE CARE NU SE DESCHID DUPA GATIRE.

CHIPSURI
- 1 ½ kg de napi, decojiți și tăiați în fâșii julienne de 3×¼ inch
- 3 c. supa de ulei de masline
- 2 catei de usturoi, tocati marunt
- ¼ lingurita piper negru
- ⅛ linguriță de piper cayenne

AÏOLI CU ȘOFRAN
- ⅓ cană Paleo Aïoli (Usturoi Mayo) (vezi rețeta).veniturile)
- ⅛ linguriță șuvițe de șofran, ușor zdrobite

MIDII
- 4 c. supa de ulei de masline
- ½ cană eșalotă tocată mărunt
- 6 catei de usturoi, tocati marunt
- ¼ lingurita piper negru
- 3 pahare de vin alb sec
- 3 crengute mari de patrunjel cu frunze plate
- 4 kilograme de midii, curățate și sortate*
- ¼ cana patrunjel italian proaspat tocat (frunza plata)
- 2 linguri tarhon proaspat tocat (optional)

1. Pentru cartofii prăjiți cu păstârnac, preîncălziți cuptorul la 450°F. Pune păstârnacul tăiat la frigider pentru 30 de

minute în apă rece pentru a-i acoperi; Scurgeți apa și uscați-o cu un prosop de hârtie.

2. Tapetați o tavă mare cu hârtie de copt. Pune păstârnacul într-un castron foarte mare. Într-un castron mic, combinați 3 linguri de ulei de măsline, 2 căței de usturoi tocați, ¼ de linguriță de piper negru și boia de ardei; Se toarna peste patrunjel si se amesteca bine. Aranjați păstârnacul într-un strat uniform pe foaia de copt pregătită. Coaceți timp de 30 până la 35 de minute sau până când se înmoaie și începe să se rumenească, amestecând din când în când.

3. Pentru aïoli, combinați Paleo Aïoli și șofranul într-un castron mic. Se acoperă și se păstrează la frigider până la servire.

4. Între timp, într-o oală de 6 până la 8 litri sau în cuptorul olandez, încălziți 4 linguri de ulei de măsline la foc mediu. Adaugati esalota, 6 catei de usturoi si ¼ de lingurita de piper negru; aproximativ 2 minute sau până când se înmoaie și se ofilesc, amestecând constant.

5. Adăugați vin și crenguțe de pătrunjel în tigaie; a fierbe. Adăugați midiile, amestecând de câteva ori. Acoperiți strâns și gătiți, amestecând ușor de două ori, timp de 3 până la 5 minute sau până când cojile se deschid. Aruncați toate midiile care nu se deschid.

6. Folosind o lingură mare, transferați scoicile în farfurii de supă puțin adânci. Scoateți crenguțele de pătrunjel din lichidul de gătit și aruncați; Turnați lichidul de gătit peste

scoici. Presarati patrunjel tocat si tarhon daca doriti. Serviți imediat cu cartofi prăjiți și aïoli cu șofran.

*Sfat: Gatiti midii in ziua cumpararii. Dacă folosiți midii prinse sălbatice, înmuiați-le într-un castron cu apă rece timp de 20 de minute pentru a clăti pietrișul și nisipul. (Acest lucru nu este necesar pentru scoicile crescute la fermă.) Folosind o perie tare, frecați midiile, una câte una, sub jet de apă rece. Mărunțiți midiile cu 10-15 minute înainte de a le găti. Barba este un grup mic de fibre care ies din scoarța copacului. Pentru a îndepărta barba, țineți sfoara între degetul mare și arătător și trageți-l spre balama. (Această metodă nu va ucide midiile.) Puteți folosi, de asemenea, clești sau clești de pește. Asigurați-vă că coaja fiecărei midii este bine închisă. Dacă vreuna dintre coji este deschisă, bateți-le ușor pe blat. Aruncați toate midiile care nu se închid în câteva minute.

SCOICI PRAJITE CU AROMA DE SFECLA ROSIE

DE LA INCEPUT LA SFARSIT:Se obtine in 30 de minute: 4 portii<u>FOTOGRAFIE</u>

CE CRUSTA AURIE FRUMOASA,ASIGURAȚI-VA CA SUPRAFAȚA SCOICILOR ESTE FOARTE USCATA ȘI TIGAIA ESTE FOARTE FIERBINTE INAINTE DE A LE PUNE IN TIGAIE. DE ASEMENEA, PRAJIȚI SCOICILE FARA A VA MIȘCA TIMP DE 2 PANA LA 3 MINUTE, VERIFICAND CU ATENȚIE INAINTE DE A LE INTOARCE.

1 kilogram de scoici proaspete sau congelate, uscate cu prosoape de hârtie

3 sfeclă medie, decojită și tocată

½ măr Granny Smith, decojit și tocat

2 jalapeno, tulpinile îndepărtate, semințele îndepărtate și tocate (vezi rețeta).<u>sfaturi</u>)

¼ cană coriandru proaspăt tocat

2 linguri ceapa rosie tocata marunt

4 c. supa de ulei de masline

2 linguri de suc proaspăt de lămâie

piper alb

1. Dacă scoicile sunt înghețate, dezghețați-le.

2. Pentru gust de sfeclă, combinați sfecla, merele, ardeii jalapeno, coriandru, ceapa, 2 linguri de ulei de măsline și suc de lămâie într-un castron mediu. Amesteca bine. Dați deoparte în timp ce pregătiți scoici.

3. Spălați scoici; se usucă cu un prosop de hârtie. Încălziți restul de 2 linguri de ulei de măsline într-o tigaie mare la foc mediu-mare. Adăugați scoici; Se calesc timp de 4 până la 6 minute sau până când exteriorul este auriu și aproape opac. Presărați ușor piper alb peste scoici.

4. Pentru a servi, împărțiți uniform coaja de sfeclă în farfurii de servire; se umple cu scoici. Serviți imediat.

SCOICI PRAJITE CU SALSA DE CASTRAVEȚI ȘI MARAR

PREGATIRE:35 de minute răcire: 1 până la 24 de ore la grătar: 9 minute randament: 4 porții

IATĂ UN SFAT PENTRU A OBȚINE CELE MAI PERFECTE AVOCADO:CUMPĂRĂ-LE CÂND SUNT VERZI APRINS ȘI FERME ȘI LASĂ-LE SĂ SE COACĂ PE BLAT CÂTEVA ZILE - PÂNĂ CE DAU PUȚIN LA APĂSARE UȘOR CU DEGETELE. CÂND SUNT TARI ȘI NECOAPTE, NU VOR FI DETERIORATE ÎN TIMPUL TRANSPORTULUI DE PE PIAȚĂ.

12 sau 16 scoici proaspete sau congelate (în total 1¼ până la 1¾ de lire sterline)
¼ cană ulei de măsline
4 catei de usturoi, tocati marunt
1 lingurita piper negru proaspat macinat
2 dovlecei medii, tăiați și tăiați în jumătate pe lungime
½ castravete mediu, tăiat în jumătate pe lungime și feliat subțire
1 avocado mediu, tăiat la jumătate, fără semințe, curățat și tăiat cubulețe
1 roșie medie, fără semințe, fără miez și tocată
2 lingurite de menta proaspata tocata
1 lingurita marar proaspat tocat

1. Dacă scoicile sunt înghețate, dezghețați-le. Clătiți pieptene cu apă rece; se usucă cu un prosop de hârtie. Combinați 3 linguri de ulei, usturoi și ¾ de linguriță de piper într-un castron mare. Adăugați scoici; se amestecă ușor pentru a acoperi. Acoperiți și lăsați la frigider pentru cel puțin 1 oră sau până la 24 de ore, amestecând ocazional.

2. Ungeți jumătățile de dovleac cu 1 lingură de ulei rămasă; se presară uniform cu ¼ de linguriță de piper rămas.

3. Scurgeți scoicile, aruncând marinada. Folosind 3 sau 4 piepteni per pereche de frigarui, treceți două frigărui de 10 până la 12 inci prin fiecare pieptene, lăsând un spațiu de jumătate de inch între piepteni. *(Așezarea scoicilor pe două frigărui le ajută să rămână stabile pe grătar și pe frigărui.)

4. Pentru un grătar cu cărbune sau pe gaz, așezați frigarui de scoici și jumătățile de dovleac direct pe grătar, la foc mediu.** Închideți capacul și grătarul până când scoicile sunt opace și dovleceii sunt fragezi, întorcându-se la jumătatea gătitului. Lăsați 6 până la 8 minute pentru scoici și 9 până la 11 minute pentru dovlecel.

5. Între timp, pentru sos, combinați castravetele, avocado, roșia, menta și mararul într-un castron mediu. Se amestecă ușor pentru a se combina. Așezați 1 frigărui de scoici pe fiecare dintre cele patru farfurii de servire. Tăiați jumătățile de dovlecel în diagonală și puneți-le pe farfurii festonate. Se toarnă amestecul de castraveți uniform peste scoici.

*Sfat: Dacă folosiți frigărui de lemn, înmuiați-le în apă suficientă pentru a le acoperi timp de 30 de minute înainte de a le folosi.

** Pentru a grătar: Pregătiți conform instrucțiunilor de la pasul 3. Puneți frigăruile de scoici și jumătățile de dovlecel pe grătarul neîncălzit al tăvii de copt. Gătiți 4 până la 5 inci de căldură până când scoicile sunt opace și dovleceii sunt fragezi, întorcându-se o dată la jumătatea gătitului. Lăsați să stea 6 până la 8 minute pentru scoici, 10 până la 12 minute pentru dovlecel.

SCOICI PRĂJITE CU SOS DE ROȘII, ULEI DE MĂSLINE ȘI IERBURI

PREGATIRE: 20 de minute de gătit: 4 minute randament: 4 porții

DRESSING-UL ESTE APROAPE CA UN SOS CALD DE SALATĂ. ULEIUL DE MĂSLINE, ROȘIILE PROASPETE TOCATE, SUCUL DE LĂMÂIE ȘI IERBURILE SE COMBINĂ, SE ÎNCĂLZESC FOARTE UȘOR (DOAR CÂT SĂ SE TOPEASCĂ AROMELE) ȘI SE SERVESC CU SCOICI ÎNNEGRITE ȘI O SALATĂ CU MUGURI CROCANȚI DE FLOAREA SOARELUI.

SCOICI ȘI SOS

1 până la 1 ½ kilograme scoici proaspete sau congelate (aproximativ 12)

2 roșii Roma mari, decojite,* fără semințe și tocate

½ cană ulei de măsline

2 linguri de suc proaspăt de lămâie

2 linguri busuioc proaspăt tocat

1 până la 2 lingurițe de arpagic tocat

1 lingura ulei de masline

SALATA

4 cani de muguri de floarea soarelui

1 lamaie, tocata

ulei de măsline extra virgin

1. Dacă scoicile sunt înghețate, dezghețați-le. Spălați pieptene; clar. Pus deoparte.

2. Pentru sos, combinați roșiile, ½ cană ulei de măsline, sucul de lămâie, busuioc și arpagicul într-o cratiță mică; pune deoparte.

3. Încinge 1 lingură ulei de măsline într-o tigaie mare la foc mediu-mare. Adăugați scoici; Coaceți 4 până la 5 minute sau până când devine auriu și opac, întorcându-se o dată la jumătatea gătitului.

4. Pentru salată, pune mugurii într-un bol. Se stoarce feliile de lamaie peste varza si se stropesc cu putin ulei de masline. Joacă pentru a se potrivi.

5. Încinge sosul la foc mic până se încălzește; Nu fierbe. Pentru a servi, puneți o parte din sos în centrul farfuriei; Pune deasupra 3 scoici. Serviți cu salată de varză.

*Sfat: Pentru a curăța ușor o roșie, puneți-o într-o cratiță cu apă clocotită timp de 30 de secunde până la 1 minut sau până când pielea începe să se separe. Scoateți roșiile din apa clocotită și puneți-le imediat într-un vas cu apă cu gheață pentru a opri gătirea. Când roșiile sunt suficient de reci pentru a fi manipulate, îndepărtați coaja.

CONOPIDA PRĂJITĂ CU CHIMEN CU FENICUL ȘI CEAPĂ PERLA

PREGATIRE:15 minute de gătit: 25 de minute randament: 4 porțiiFOTOGRAFIE

EXISTĂ CEVA DEOSEBIT DE TENTANTESTE VORBA DESPRE COMBINAȚIA DINTRE CONOPIDA PRĂJITĂ ȘI AROMA PRĂJITĂ ȘI PĂMÂNTEASCĂ A CHIMENULUI. ELEMENTUL DULCE AL ACESTUI FEL DE MÂNCARE ESTE AGRIȘELE USCATE. DACĂ DORIȚI, ADĂUGAȚI PUȚINĂ CĂLDURĂ ÎN PASUL 2 CU ¼ PÂNĂ LA ½ LINGURIȚĂ DE ARDEI ROȘU MĂCINAT ÎMPREUNĂ CU CHIMEN ȘI STAFIDE.

3 linguri ulei de cocos nerafinat
1 conopidă medie, tăiată în buchețe (4 până la 5 căni)
2 capete de fenicul, tocate grosier
1 ½ cani de salota congelata, dezghetata si scursa
¼ cană coacăze uscate
2 lingurite chimen macinat
Mărar proaspăt tocat (opțional)

1. Încinge uleiul de cocos într-o tigaie mare la foc mediu. Adăugați conopida, feniculul și eșalota. Închideți capacul și gătiți timp de 15 minute, amestecând din când în când.

2. Reduceți căldura la mediu-scăzut. Adăugați coacăze și chimen în tigaie; Gatiti, neacoperit, aproximativ 10 minute sau pana cand conopida si feniculul sunt fragede si rumenite. Poate fi ornat cu mărar dacă se dorește.

BUCĂȚI DE SOS DE ROȘII-VINETE CU SPAGHETTI DOVLECEI

PREGATIRE:30 de minute de gătit: 50 de minute de răcire: 10 minute de coacere: 10 minute de servire: 4 porții

ACEST ACCESORIU SASSY POATE FI ROTIT CU UȘURINȚĂPENTRU UN FEL PRINCIPAL. ADĂUGAȚI APROXIMATIV O JUMĂTATE DE KILOGRAM DE CARNE TOCATĂ DE VITĂ SAU DE BIZON FIARTĂ LA AMESTECUL DE VINETE ȘI ROȘII, DUPĂ CE AȚI TRECUT UȘOR CU UN ZDROBITOR DE CARTOFI.

- 1 2 până la 2 ½ kilograme de dovleac spaghetti
- 2 c. supa de ulei de masline
- 1 cana vinete tocate si decojite
- ¾ cană ceapă tocată
- 1 ardei rosu mic, tocat (½ cana)
- 4 catei de usturoi, tocati marunt
- 4 roșii coapte roșii medii, decojite și tăiate grosier dacă se dorește (aproximativ 2 căni)
- ½ cană busuioc proaspăt tocat

1. Preîncălziți cuptorul la 375°F. Tapetați o tavă mică de copt cu hârtie de copt. Tăiați dovleceii spaghetti în jumătate pe diagonală. Folosiți o lingură mare pentru a răzui semințele și sforile. Puneți jumătățile de dovleac, cu partea în jos, pe foaia de copt pregătită. Coaceți, descoperit, timp de 50 până la 60 de minute sau până când dovleceii sunt fragezi. Lasam sa se raceasca pe un gratar timp de aproximativ 10 minute.

2. Încinge uleiul de măsline într-o tigaie mare la foc mediu. Adăugați ceapa, vinetele și ardeiul; Gatiti, amestecand ocazional, timp de 5 pana la 7 minute sau pana cand

legumele sunt fragede. Adăugați usturoiul; Gatiti si amestecati inca 30 de secunde. Adăugați roșii; Gatiti, amestecand ocazional, timp de 3 pana la 5 minute sau pana cand rosiile se inmoaie. Se zdrobește ușor amestecul cu un zdrobitor de cartofi. Adăugați jumătate din busuioc. Închideți capacul și gătiți timp de 2 minute.

3. Folosiți un prosop sau un prosop pentru a ține jumătățile de dovlecel. Folosiți o furculiță pentru a răzui carnea de dovleac într-un castron mediu. Împărțiți dovleacul în patru farfurii de servire. Acoperiți uniform cu sos. Se presară busuioc rămas.

CIUPERCI PORTOBELLO UMPLUTE

PREGATIRE:35 de minute de gătit: 20 de minute de gătit: 7 minute Randament: 4 porții

PENTRU A OBȚINE CELE MAI PROASPETE PORTOBELLOS,CAUTAȚI CIUPERCI CU TULPINI INCA INTACTE. BRANHIILE AR TREBUI SA PARA UMEDE, DAR NU UMEDE SAU NEGRE ȘI AR TREBUI SA EXISTE O BUNA SEPARARE INTRE ELE. PENTRU A PREGATI ORICE TIP DE CIUPERCA PENTRU GATIT, USCAȚI-O CU UN PROSOP DE HARTIE UȘOR UMED. NU INMUIAȚI SAU INMUIAȚI NICIODATA CIUPERCILE IN APA; CIUPERCILE SUNT FOARTE ABSORBANTE ȘI DEVIN MOI ȘI SUCULENTE.

4 ciuperci portobello mari (aproximativ 1 kilogram în total)
¼ cană ulei de măsline
1 lingura condiment afumat (vezi reteta).veniturile)
2 c. supa de ulei de masline
½ cană de arpagic tocat
1 lingura de usturoi tocat marunt
1 liră de smog, tulpinile îndepărtate și tocate (aproximativ 10 căni)
2 lingurițe de condiment mediteranean (veziveniturile)
½ cană ridichi tocată

1. Preîncălziți cuptorul la 400°F. Scoateți tulpinile de pe ciuperci și lăsați-le deoparte pentru pasul 2. Folosind vârful unei linguri, răzuiți branhiile de pe capace; Aruncați branhiile. Puneți capace de ciuperci într-o tavă dreptunghiulară de 3 litri; Ungeți ambele părți ale ciupercilor cu ¼ de cană de ulei de măsline. Întoarceți capacele de ciuperci astfel încât partea corpului în sus; stropiți cu condimente de fum. Acoperiți tava de copt cu folie de aluminiu. Gatiti, acoperit, aproximativ 20 de minute sau pana se inmoaie.

2. Între timp, toacă tulpinile de ciuperci rezervate; pune deoparte. Pentru a pregăti matul, îndepărtați și aruncați nervurile groase ale frunzelor. Tăiați mărunt frunzele de mătg.

3. Într-o tigaie foarte mare, încălziți 2 linguri de ulei de măsline la foc mediu. Adăugați șalota și usturoiul; Gatiti si amestecati timp de 30 de secunde. Adăugați tulpinile de ciuperci tocate, mătgul tocat și condimentele mediteraneene. Gatiti, neacoperit, amestecand ocazional, timp de 6 pana la 8 minute sau pana cand mangdul este fraged.

4. Împărțiți amestecul de mătg între capacele de ciuperci. Turnați lichidul rămas în tava de copt peste ciupercile umplute. Adăugați ridiche tocată deasupra.

RADICCHIO PRĂJIT

PREGATIRE: 20 de minute de gătit: 15 minute: 4 porții

RADICCHIO ESTE CONSUMAT CEL MAI DESPOATE FI FOLOSIT CA PARTE A UNEI SALATE PENTRU A ADĂUGA O AMĂRĂCIUNE PLĂCUTĂ AMESTECULUI DE LEGUME; CU TOATE ACESTEA, POATE FI ȘI PRĂJITĂ SAU LA GRĂTAR DE LA SINE. RADICCHIO ARE O UȘOARĂ AMĂRĂCIUNE ÎN NATURĂ, DAR NU VREI SĂ FIE COPLEȘITOR. CĂUTAȚI CAPETE MAI MICI, CARE AU FRUNZE NEOBIȘNUITE ȘI ARATĂ PROASPĂT ȘI VIBRANT. CAPĂTUL TĂIAT POATE FI UȘOR MARO, DAR AR TREBUI SĂ FIE ÎN MARE PARTE ALB. ÎN ACEASTĂ REȚETĂ, UN STROP DE OȚET BALSAMIC ÎNAINTE DE SERVIRE ADAUGĂ DULCEAȚĂ.

2 capete mari de radicchio

¼ cană ulei de măsline

1 lingurita de condiment mediteranean (vezi_veniturile_)

¼ cană oțet balsamic

1. Preîncălziți cuptorul la 400°F. Tăiați radicchio, lăsând o parte din semințe atașate (ar trebui să aveți 8 felii). Ungeți părțile tăiate ale feliilor de ridichi cu ulei de măsline. Puneți feliile tăiate în jos pe o tavă de copt; Stropiți cu condimente mediteraneene.

2. Aprox. Se prăjește timp de 15 minute sau până când radicchio se ofilește, întorcându-se o dată la jumătatea gătitului. Aranjați radicchio pe o farfurie. Stropiți cu oțet balsamic; Serviți imediat.

FENICUL PRĂJIT CU SOS DE PORTOCALE

PREGATIRE: 25 minute la cuptor: 25 minute: 4 portii

PASTRAȚI SOSUL DE SALATA RAMAS PENTRU A FI ARUNCATSE SERVESTE CU O SALATA VERDE SAU CARNE DE PORC, PASARE SAU PESTE LA GRATAR. PASTRAȚI RESTUL DE SOS DE SALATA INTR-UN RECIPIENT BINE ACOPERIT, LA FRIGIDER, TIMP DE PANA LA 3 ZILE.

- 6 linguri ulei de masline extravirgin, plus putin pentru periaj
- 1 bulb mare de fenicul, tăiat, fără sămânță și feliat (rezervați frunzele pentru garnitură, dacă doriți)
- 1 ceapa rosie, tocata
- O jumătate de portocală tăiată în felii subțiri
- ½ cană suc de portocale
- 2 linguri otet de vin alb sau otet de sampanie
- 2 linguri cidru de mere
- 1 lingurita de seminte de fenicul macinate
- 1 lingurita coaja de portocala rasa fin
- ½ linguriță muștar de Dijon (vezi veniturile)
- piper negru

1. Preîncălziți cuptorul la 425°F. Ungeți ușor o tavă mare de copt cu ulei de măsline. Aranjați pe o tavă de copt feliile de fenicul, ceapa și portocala; Stropiți cu 2 linguri de ulei de măsline. Aruncați ușor legumele pentru a o acoperi cu ulei.

2. Prăjiți legumele timp de 25 până la 30 de minute sau până când sunt moi și aurii, întorcându-le o dată la jumătatea gătitului.

3. Între timp, pentru sosul de portocale, combinați într-un blender sucul de portocale, oțetul, cidrul de mere, semințele de fenicul, coaja de portocale, muștarul de Dijon și piperul negru. Cu blenderul în funcțiune, adăugați încet restul de 4 linguri de ulei de măsline într-un flux subțire. Continuați să amestecați până când salata se îngroașă.

4. Transferați legumele pe o farfurie. Stropiți câteva legume cu vinaigretă. Ornați cu frunze de fenicul rezervate, dacă doriți.

www.ingramcontent.com/pod-product-compliance
Lightning Source LLC
Chambersburg PA
CBHW071906110526
44591CB00011B/1575